Über dieses Buch

Die englische Originalausgabe erschien 1929 in London unter dem Titel *Problems of Neurosis*. Herausgeber des Buches war Philip Mairet, ein englischer Journalist, der selbst ein Buch über Individualpsychologie verfaßt hatte. Eine zweite Ausgabe erschien 1964 in New York bei Harper & Row als ,Harper Torchbook'. In der Einführung zu dieser Ausgabe weist ihr Herausgeber Heinz L. Ansbacher darauf hin, daß das Buch ursprünglich auf englischen Manuskripten und Vorlesungsmitschriften beruhte, die Adler zur redaktionellen Bearbeitung an Mairet übergeben hatte. Außerdem führt Ansbacher in dieser Ausgabe die Kapitelüberschriften ein und auch die Überschriften zu den 37 Fällen, die in diesem Buch vorgestellt werden; sie sollen dem Leser helfen, sich besser zurechtzufinden. Die vorliegende Übersetzung beruht auf dieser Ausgabe.

Auch dieses Werk ist wie fast alle Schriften von Adler in einer allgemeinverständlichen Sprache verfaßt. Unter der Annahme, daß das Individuum einem einheitlichen selbstgestellten Ziel zustrebt, entfallen die Voraussetzungen für die dramatische Inszenierung von Kräften und Gegenkräften, von Kämpfen und Konflikten und von Menschen als tragischen Helden und hilflosen Opfern solcher Auseinandersetzungen. Eher prosaisch ist statt dessen nur von Fehlern und falschen Einstellungen, von Lebensaufgaben und deren mehr oder weniger gelungenen Lösungen die Rede. Wer es gewohnt ist, Triebe und Instanzen, Mechanismen und Strukturen als lebendige Wesenheiten zu betrachten, wird vieles vermissen; wer sich aber vergegenwärtigt, daß es sich dabei um nichts anderes handelt als um Konstruktionen und Abstraktionen, um Fiktionen, die das Denken erleichtern sollen, wird an diesem Buch prüfen können, ob diese Denkwerkzeuge unverzichtbar sind und ob die Werkzeuge der Individualpsychologie nicht zu genauso schnellem und gründlichem Verstehen und zur ebenso wirkungsvollen Behandlung von Neurosen geeignet sind.

Der Autor

Alfred Adler wurde 1870 in Wien geboren. Er entschied sich früh für den Arztberuf, den er dann lange Jahre in Wien ausübte. Sigmund Freud forderte ihn 1902 auf, seiner Studiengruppe beizutreten; im Laufe der gemeinsamen Arbeit entwickelte Adler aber seine eigenen Ansichten, so daß es 1911 zum Bruch zwischen den beiden kam. Adler begründete nun seine eigene Auffassung der Individualpsychologie mit einer eigenen Schule und einer eigenen Zeitschrift. Ab 1925 reiste er häufig nach Amerika, wo er sich 1935 endgültig niederließ. Hier fand seine Psychologie große Beachtung und Anerkennung bis in die Gegenwart. Während einer Vortragsreise starb Alfred Adler 1937 in Aberdeen.

Eine Übersicht über seine im Fischer Taschenbuch Verlag bisher erschienenen Werke befindet sich am Ende des Bandes.

Alfred Adler

Neurosen
Zur Diagnose und Behandlung

Herausgegeben von Heinz L. Ansbacher
und Robert F. Antoch

Mit einer Einführung von
Robert F. Antoch

Aus dem Englischen von
Willi Köhler

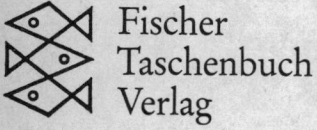

Fischer
Taschenbuch
Verlag

Lektorat: Walter H. Pehle

Deutsche Erstausgabe
Fischer Taschenbuch Verlag
April 1981

Umschlagentwurf: Jan Buchholz/Reni Hinsch

Fischer Taschenbuch Verlag GmbH, Frankfurt am Main
Titel der amerikanischen Originalausgabe
,Problems of Neurosis. A Book of Case Histories'
hrsg. von Philippe Mairet
Erschienen bei
Kegan Paul, Trench, Trubner & Co., Ltd., London 1929
© Dr. Kurt Adler 1964
Die deutsche Ausgabe erfolgt mit freundlicher Genehmigung
des Estate of Alfred Adler, New York
© Fischer Taschenbuch Verlag GmbH, Frankfurt am Main 1981
Gesamtherstellung: Hanseatische Druckanstalt GmbH, Hamburg
Printed in Germany
980-ISBN-3-596-26735-8

Inhalt

Einführung

In dem vorliegenden Buch werden hauptsächlich Fallgeschichten dargestellt, mit denen ADLER zeigt, wie er sich die Behandlung neurotischer Störungen gedacht und wie er sie praktiziert hat. Diese Darstellungen sind verwoben mit wichtigen Passagen, die zur Theorie seelischer Gesundheit, der Neurose und ihrer Entstehung Stellung nehmen. In diesen Ausführungen nimmt die soziale *„Nützlichkeit"* einen so hervorragenden Platz ein, daß sie zurecht als *das individualpsychologische Kriterium für seelische Gesundheit oder Krankheit* angesehen werden kann. Nun hat dieser Terminus nach mehr als 50 Jahren (zumal nach den faschistischen Perversionen der Nützlichkeitsbegriffe im „Holocaust") ohne Zweifel seine Überzeugungskraft verloren. Darüber hinaus ist in der Psychiatrie und in der Klinischen Psychologie unter den Stichworten „soziale Abweichung" (Devianz) und „Psychotherapie als Anpassung an eine Norm" so viel über das Verhältnis von sozialen Forderungen, ihrer Erfüllung oder Nichterfüllung und die Etikettierungen von bestimmten Eigenheiten als abnormal bzw. „krank" diskutiert worden, daß der Terminus „Nützlichkeit" nicht unkommentiert stehen bleiben kann, wenn er nicht zu Kurzschlüssen hinsichtlich der zugrunde liegenden Theorie Anlaß geben soll.

Der Begriff der „Nützlichkeit" hat eine Geschichte und einen theoretischen Hintergrund, und ohne diese beiden Bezugsrahmen wird man im Verständnis der individualpsychologischen Neurosenlehre leicht in die Irre geführt. Deshalb soll im folgenden aufrißartig versucht werden, im Anknüpfen an die früheren der klassischen Psychoanalyse näherstehenden Vorformen des ADLERschen Neuroseverständnisses den Zugang zu seinen späteren weiterentwickelten Auffassungen zu finden.

Wie FREUD, so geht auch insbesondere der frühe ADLER davon aus, daß das neurotische Geschehen sich aus einem *Konflikt* heraus entwickelt. Der ursprüngliche „primäre" Konflikt ist einer, der „zur Unausgeglichenheit und Zaghaftigkeit dieser Kinderseele führte"[1]. Er „muß in dem Zusammenstoße seiner Triebe und einer sie verurteilenden Instanz gelegen sein, wobei eine kleine Erfahrung peinlicher Erlebnisse (Organempfindlichkeit, Blamagen, Strafen) zur Intoleranz gegen Herabsetzung führte"[2]. Von diesem Ausgangspunkt aus haben sich in der ADLERschen Neurosenlehre einige Entwicklungen ergeben, die im folgenden skizziert werden sollen.

So sind als Ausgangspunkt der Neurose neben die *Organminderwertigkeit*, über die ADLER 1907 eine bedeutende Abhandlung[3] geschrieben hat, zweitens die *Folgen der Verwöhnung* und drittens die *Folgen der Vernachlässigung* bzw. die *Folgen einer autoritären oder haßerfüllten Unterdrückung* in der Erziehung getreten; hier ist von Einflüssen die Rede, die das aufkeimende Selbstwertgefühl in seiner Wurzel erschüttern und auf diese Weise zu Minderwertigkeitsgefühlen und der damit verbundenen neurotischen Überempfindlichkeit führen können. Solche Überempfindlichkeiten, die ADLER seit 1909[4] betont, äußern sich darin, daß die notwendige Auseinandersetzung mit den entwicklungsspezifischen Unlust- und Unfähigkeitsgefühlen, das kompensatorische Herangehen (lateinisch: ‚adgredi’), übertrieben oder zaghaft, hektisch oder zögernd, auf jeden Fall aber nicht situationsangemessen und wenig erfolgreich verläuft. Adler, der damals[5] noch den Triebbegriff benutzte, definiert den (wortgeschichtlich aus dem ‚adgredi’ abgeleiteten) Begriff *Aggressionstrieb* so: „daß es sich dabei um eine Leistung der Kultur handelt, die für die Entwicklung der Menschheit notwendig war, insofern als Vorausdenken und Vorausfühlen nur durch diesen Umweg über eine gehemmte Aggression zustande kommen konnte".

---

1 „Über neurotische Disposition". Zit. nach: ADLER, A./FURTMÜLLER, C. (Hrsg.), *Heilen und Bilden*, München (Reinhardt) 1914, S. 70 – Neuausgabe: Frankfurt (Fischer Taschenbuch Bd. 6220) 1973, S. 82.
2 Ebda.
3 *Studie über Minderwertigkeit von Organen*, Frankfurt (Fischer Taschenbuch Bd. 6349) 1977.
4 „Über die Einheit der Neurosen". Zit. nach NUNBERG, P./FEDERN, E. (Hrsg.), *Die Protokolle der Wiener psychoanalytischen Vereinigung*, Bd. II (1908–1910), Frankfurt (S. Fischer) 1977, S. 235.
5 Ebda.

Im „normalen" d. h. individualpsychologisch gesprochen: In dem nicht von verschärften Minderwertigkeitsgefühlen angekränkelten Seelenleben, gelingt es, das ‚Adgredi', das Herangehen an Menschen und Dinge so zu steuern, daß es auf die jeweiligen Forderungen der Situation und der sozialen Umgebung abgestimmt (was nicht heißt: passiv angepaßt!) bleibt. Das in der Natur angelegte ‚Adgredi' wird angereichert durch neue, z. B. sachliche und auf die Gemeinschaft bezogene, Gesichtspunkte. ADLER spricht in diesem Zusammenhang von der „kulturelle(n) Aggression"[6] im Sinne einer situationsangemessenen Kompensation eines bestehenden Unlustgefühls. In der im gesteigerten Gefühl der Minderwertigkeit entstandenen Überempfindlichkeit mißlingt dagegen der Kompensationsmechanismus, das ‚Adgredi' gestaltet sich archaisch und wild: das „Minderwertigkeitsgefühl führt nämlich zu einer egoistischen feindseligen Aggressionsstellung"[7]; das Handeln bleibt blind auf sich bezogen, bleibt stecken im eigenen eingegrenzten Horizont und bleibt – weil es mangels Angemessenheit in der Umwelt nichts auszurichten vermag – nicht selten zerstörerisch gegen die eigenen Intentionen gerichtet (Symptomatik).

Die bis hierhin noch kausalistisch anmutende Denkstruktur wird in der weiteren Entwicklung der Adlerschen Gedankengänge durch die *finale Dimension* erweitert: Je mehr sich nämlich die Symptomatik – die Überempfindlichkeit und ihre hemmenden Folgen – im Sinne einer ungenügenden körperlichen Ausstattung hinderlich auf alle Handlungsvollzüge auswirkt, umso mehr erscheint der Betroffene vor sich und seiner Umgebung *entschuldigt*. Die Neurose ist dadurch charakterisiert, daß diese Zusammenhänge von dem Betroffenen nicht verstanden werden, ihm *unbewußt* bleiben. Er leidet an den Folgen der neurotischen Konstellation (Angst; Symptomatik) und nutzt sie gleichzeitig für sich aus (Entschuldigungs-Arrangement) *ohne sie zu verstehen*; kurz: der Betroffene erscheint sich selber entfremdet, immer nur gelähmt vor Angst und ohne Spürsinn dafür, daß er sich in seine Angst selber weiter hineinsteigert, sich selber lähmt, sich

[6] Zit. nach *Heilen und Bilden*, München (Reinhardt) 1914, S. 59 – Neuausgabe: Frankfurt (Fischer Taschenbuch Bd. 6220) 1973, S. 72.
[7] Eine in der Ausgabe von 1914 noch nicht enthaltene Ergänzung; zit. nach Fischer Taschenbuch Bd. 6220, S. 78.

selber außer Kraft setzt und sich entweder dadurch oder im unsinnig übersteigerten Aufbäumen dagegen letztlich zerstört. Entweder fühlt der Patient sich nur als Objekt und Produkt oder aber ausschließlich als Subjekt und Produzent seiner Verhältnisse: die mangelnde Einsicht in die Dialektik menschlicher Lebensbedingungen und in ihre Zusammenhänge, die Tatsache, daß der Mensch mehr weiß als er versteht, machen in der entwickelten Lehre ADLERS *das Zentrum des Unbewußten* aus und nicht irgendwelche Triebe, Triebabkömmlinge und -repräsentanzen, die als Teile des Ganzen das unteilbare Individuum nie überlisten könnten, wenn dieses ihnen nicht bewußt oder unbewußt eine Möglichkeit dazu einräumte.

Der ursprüngliche Konflikt zwischen dem unbefriedigenden Selbstwerterleben und dem unstillbaren Bedürfnis, es durch entsprechend übersteigerte Ansprüche auf einem zufriedenstellenden Pegel zu halten und zu stabilisieren, wächst sich teufelskreisartig aus: ein überkompensatorisch überhöhtes Ziel, (z. B. „Vollkommenheit", Überlegenheit über alle, Perfektionismus im Leistungsbereich) und die von eben dieser überkompensatorischen Tendenz angekränkelte Mittelwahl führen zu immer größeren Abweichungen zwischen den Ist- und Soll-Lagen des Selbstwertgefühls. Wenn das Kind schon sehr früh in derart intensiv erlebte und überkompensatorisch bearbeitete Zweifel an seinem Wert verwickelt war, scheint der weitere Weg nach ADLER vorgezeichnet: „Man gewinnt dabei den Eindruck, *daß alle späteren Konflikte zur manifesten Neurose führen können, sobald der primäre, aus der Organminderwertigkeit stammende innere Widerspruch besteht".*[8]
Es ist also nicht so, daß die Individualpsychologie den Konflikt als Kategorie der Darstellung der Neurose nicht kennte; was sie lediglich in Frage stellt / ablehnt, ist die Vorstellung eines Konfliktes zwischen unabhängig gedachten reifizierten Instanzen im Individuum. Statt dessen sieht die Individualpsychologie den Menschen als Ganzes gattungsmäßig vor Aufgaben gestellt, die er mit seiner angeborenen Anlage als solcher nicht bewältigen kann; vielmehr muß diese Anlage entwickelt werden, was ohne einen wohlwollenden Bezug zur Gemeinschaft der anderen, ohne die Weitergabe und

[8] Ebda., 1914, S. 66; 1973, S. 78.

Übernahme von allgemeingültigen Gütern wie Logik und Sprache und ohne die Übermittlung eines tragenden Selbstwertgefühls („Urvertrauen") durch Wärme und Beachtung der Bezugspersonen nicht möglich wäre. Allerdings hat der Konflikt als Gegebenheit und Zustand in diesem System nicht den entscheidenden Stellenwert; entscheidend ist vielmehr seine Weiterführung in der Bewegung, die als Streben nach Überwindung und als Kompensation bezeichnet wird. Das Streben nach Überwindung von Mangellagen kann gefährdet werden oder als gefährdet erscheinen, weil in der Kindheit die lebensnotwendige Fähigkeit zur Zusammenarbeit mit anderen oder Umgang mit der „Logik des Zusammenlebens" nicht oder nicht konsequent genug entwickelt wird.

In der weiteren Entfaltung der individualpsychologischen Neurosenlehre darf nun eine Tatsache nicht vergessen werden: die Einführung und Weiterentwicklung des Konzepts des „Gemeinschaftsgefühls". Auf dem Wege der Ausformung seiner Theorie entdeckte ADLER dieses Phänomen zunächst als Gegenkraft gegen den Aggressionstrieb; als solcher Gegenkraft werden dem „Gemeinschaftsgefühl" in Adlers Theorie die Funktionen übertragen, die bisher der Kultur vorbehalten waren. Heißt es in der Ausgabe von 1914 von *Heilen und Bilden* zum Thema „Der Aggressionstrieb im Leben und in der Neurose" noch: „Ziel und Schicksal des Aggressionstriebes stehen wie bei den Primärtrieben unter der Hemmung der Kultur"[9], so sind die Worte „der Kultur" in allen späteren Ausgaben durch die Worte „des Gemeinschaftsgefühls"[10] ersetzt. In der 1922 (2. Auflage) neu hinzugefügten Zuammenfassung führt ADLER aus:

„Als wichtigster Regulator des Aggressionstriebes ist das dem Menschen angeborene *Gemeinschaftgefühl* anzusehen. Es liegt jeder Beziehung des Kindes zu Menschen, Tieren, Pflanzen und Gegenständen zugrunde und bedeutet die Verwachsenheit mit unserem Leben, die Bejahung, die Versöhntheit mit demselben. Durch das Zusammenwirken des Gemeinschaftsgefühls in seinen zahlreichen Differenzierungen (Elternliebe, Kindesliebe, Geschlechtsliebe, Vaterlandsliebe, Liebe zur Natur, Kunst, Wissenschaft, Menschenliebe) mit

9 Ebda., 1914, S. 29.
10 *Heilen und Bilden*, 1973, S. 59.

dem Agressionstrieb kommt die Stellungnahme, also eigentlich das Seelenleben des Menschen, zustande."[11]

Während sich ADLER also bis zu diesem Zeitpunkt noch das (freilich erst später entwickelte) Modell der Freudschen Gewissens- und Über-Ich-Bildung hätte zu eigen machen müssen, um erklären zu können, wie „die Kultur" im Innern des Menschen den Aggressionstrieb hemmt, kann er sich nach der Einführung des „Gemeinschaftsgefühls" darauf berufen, daß die Kultur nicht als etwas dem natürlichen „Trieb" grundsätzlich Fremdes auf die Dynamik des Handelns Einfluß gewinnt, sondern eine für die Gattung Mensch spezifische natürliche Anlage angenommen werden kann, die den Einwirkungen der Erziehung und Kultur einen natürlichen, ja einen für das menschliche Leben notwendigen Zugang öffnet. Diese Annahme ist ein genuiner Vorläufer des Menschenbildes, wie es später von den sog. Neo-Analytikern (HORNEY, FROMM, SULLIVAN u. a.) und Ich-Psychologen (HARTMANN, RAPAPORT u. a.) wiederentdeckt, vonseiten der Allgemeinen und der Entwicklungspsychologie (BÜHLER, ALLPORT, METZGER u. a.) vertreten und in letzter Zeit von SCHMID-BAUER[12] dargestellt und weiterentwickelt wurde.

ADLER stößt zu seiner konsequent ganzheitlichen (holistischen) Sicht der Dinge erst vor, nachdem er mit dem Begriff des „Lebensstils" (der 1926 zum ersten Mal in seinen Schriften erwähnt wird) einen adäquaten Ausdruck für die Ganzheit gefunden hatte, die er vorher nur mit bestimmten Vorläuferbegriffen wie „Leitbild", „Leitlinie" oder „Lebenslinie" hatte benennen können (vgl. ANSBACHER 1967).[13] Ein Jahr später zieht er daraus die Konsequenz, Konflikte und Ambivalenzen für bloßen Schein zu erachten, für das Ergebnis einer bloß oberflächlichen Betrachtungsweise, der die darunterliegende Kompensationsbestrebung entgeht:

„Der Irrtum aller Psychologen, die in solchen Fällen [beim Vorliegen gegensätzlicher Impulse; der Verf.] eine Ambivalenz annehmen, eine mehr oder weniger gegensätzliche Bewegung, gegensätzliche Gefühle oder Charaktere, besteht bekanntlich darin, daß sie die Entstehung des einen Aus-

11 Ebda., 1973, S. 62.
12 In seinem sehr lesenswerten Buch *Vom Es zum Ich*, München (dtv/List) 1978.
13 „Life Style: A Historical and Systematic Review". In: *Journal of Individual Psychology* 22, S. 191–212.

drucks aus dem andern nicht gesehen haben (Kompensationsbestrebung), ferner auch darin, daß sie bei ihrem einseitigen
Analysieren den Zusammenhang (Lebensplan, Lebensstil)
aus dem Auge verlieren, und daß sie statt seelischer Bewegung
(die alles ist), alles durchfließt, abgesonderte Teile vorzufin-
den glauben (Gefühle, Intellekt, Wert, Charakter, Gegen-
sätzlichkeiten usw.) und sie gegeneinander halten und ab-
messen"[14].

Natürlich ist unter den solcherart geänderten Umständen das
„Gemeinschaftsgefühl" als *Gegenkraft, als Kraft in einem
Konflikt*, nicht mehr zu halten. Dementsprechend versteht
nach ANSBACHER (1978)[15] ADLER das „Gemeinschaftsgefühl"
etwa vom Jahre 1928 an als eine kognitive Funktion, die das
‚Adgredi', das Herangehen an Menschen und Dinge prägt
und formt, also steuert und nicht nur hemmt. Dabei entscheidet der Grad, in dem das „Gemeinschaftsgefühl" – insbesondere durch die warme, vertrauensvolle Zuwendung der Mutter – entwickelt wurde, darüber, ob die Aktivitäten des
Individuums mehr der allgemein „nützlichen" oder „unnützlichen" Seite des Lebens zuzurechnen sind. Die Bedeutung
des vorliegenden Bandes besteht u. a. auch darin, daß ADLER
in ihm – zum ersten Mal in einem Buch! – diese neue
Auffassung von ‚Gemeinschaftsgefühl' darlegt und formu-
liert:

„‚Gemeinschaftsgefühl' ist nicht angeboren, sondern es ist
lediglich eine angeborene Möglichkeit, die es bewußt zu
entfalten gilt. Wir können uns auf irgendeinen sogenannten
sozialen ‚Instinkt' nicht verlassen". (S. 49). Und:

„Dann muß die Mutter das Kind Schritt für Schritt für andere
Menschen und für die weitere Lebensumwelt interessieren.
Soweit sie diese beiden Funktionen erfüllen kann – nämlich
Unabhängigkeit zu gewähren und ein wahres Anfangsverständnis für die umgebende Situation daheim und in der Welt
zu vermitteln –, wird sie erleben, daß ihr Kind Gemeinschaftsgefühl, Unabhängigkeit und Mut entwickelt.... Mit
einer solchen Hinführung zum Leben wird der untilgbare
Überlegenheitswille mit Gemeinschaftsgefühl verbunden

---

[14] „Individualpsychologie und Wissenschaft". In: *Int.Ztschr.f.Ind.psych.* 5 (1927),
S. 401–408. hier S. 404.
[15] „The Development of Adler's Concept of Social Interest: A Critical Study". In:
Journal of Individual Psychology 34, 118–152.

und führt zu mutigen und optimistischen Aktivitäten auf der nützlichen Seite des Lebens" (S. 50).

In diesen Passagen zeigt sich, daß mit dem Terminus „Gemeinschaftsgefühl" Wertungen („wahr", „nützlich") in die Persönlichkeits- und Neurosentheorie eingeführt werden; zu prüfen bleibt, ob ADLER das „Gemeinschaftsgefühl" als positive Wertsetzung in seine Theorie einfügt und damit eine Bezugsgröße zur Beurteilung einzelner Handlungen anbietet.

An verschiedenen Stellen, am deutlichsten vielleicht in seinem Spätwerk *Der Sinn des Lebens* (1933)[16] hat ADLER darauf verwiesen, daß er mit „Gemeinschaftsgefühl" nicht eine bestimmte konkrete – etwa affirmative – Beziehung zu irgendeiner konkreten Gemeinschaft[17] meint, sondern ein Abstraktum:

„Gemeinschaftsgefühl besagt vor allem ein Streben nach einer Gemeinschaftsform, die für ewig gedacht werden muß, wie sie etwa gedacht werden könnte, wenn die Menschheit das Ziel der Vollkommenheit erreicht hat. Es handelt sich niemals um eine gegenwärtige Gemeinschaft oder Gesellschaft, auch nicht um politische oder religiöse Formen, sondern das Ziel, das zur Vollkommenheit am besten geeignet ist, müßte ein Ziel sein, das die ideale Gemeinschaft der ganzen Menschheit bedeutet, die letzte Erfüllung der Evolution."[18]

Damit eignet sich das „Gemeinschaftsgefühl" ganz offenbar nicht zur Bewertung konkreter Handlungsweisen im Sinne einer Anleitung, sondern lediglich zur *Bewertungsgrundlage ex post:* ob „Gemeinschaftsgefühl" im Spiel war, ergibt sich (genau wie dies übrigens auch bei der „Ermutigung" der Fall ist) nicht aus den bewußten Absichten und Zielen des Handelnden, sondern erst aus den – mehr oder weniger langfristigen – Ergebnissen seines Handelns.

Genauso muß in Bezug auf die „Nützlichkeit" einem idealistischen ‚Aber ich habe doch nur das Beste gewollt!' das

---

16 Neuausgabe: Frankfurt (Fischer Taschenbuch Bd. 6179) 1973.
17 Allen, die sich an dieser Tatsache vorbei unter „Gemeinschaftsgefühl" immer noch Wohlverhalten bestimmten Gemeinschaften gegenüber vorstellen, hat ADLER (ebda., S. 31, Fußnote 3) folgende bissige Bemerkung gewidmet: „Daß sogar Leute, die jahrelang auf der Schulbank der Individualpsychologie gesessen haben, dabei gegenwärtige Gemeinschaften ‚meinen', nicht eine solche sub specie aeternitatis, zeugt davon, daß ihnen das Niveau der Individualpsychologie zu hoch ist."
18 Ebda., S. 166.

pragmatische ‚Schau hin, was Du erreicht hast' entgegengesetzt werden. Denn: auch die Feststellung „was nützlich ist und was unnützlich ist, ... liegt außerhalb der menschlichen Beurteilung"[19] – jedenfalls, was den konkreten Vollzug einer bestimmten Handlung betrifft. Erst im Zusammenhang mit anderen Handlungen und mit den gegebenen Situationen lassen sich Lebensstile allgemein und abstrakt in dem Maße, in dem sie (wie z. B. bei einer Neurose) in subjektiv unlösbare Schwierigkeiten ausmünden, danach beurteilen, ob sich in ihnen die Prinzipien des „Gemeinschaftsgefühls" bzw. der „Nützlichkeit" entdecken lassen. Anders ausgedrückt: „Nützlichkeit" ist ein Prädikat, das sich nicht einzelnen Handlungen, sondern nur ganzen Kommunikationsverläufen bzw. Lebensstilen zuordnen läßt. ADLER hat dies verschiedentlich – z. B. in seinem Buch *Individualpsychologie in der Schule* – durch eine Skizze zu verdeutlichen gesucht, in der er die „allgemein nützliche Seite" der „allgemein unnützlichen Seite" des Lebens gegenübergestellt hat und zu zeigen versucht, welche Faktoren bei der Entwicklung dieser Lebensstilqualitäten eine Rolle spielen.[20]

In der Betonung der Beurteilungsmöglichkeit ex post und der Notwendigkeit, den Zusammenhang mit der jeweiligen Situation im Auge zu behalten, wird die unverkennbar ganzheitliche und finale Ausrichtung der Individualpsychologie deutlich. Erkennbar wird die Weigerung, eine Person im Sinne eines von ihr erreichten Status (einer Struktur) zu interpretieren; ADLER legt vielmehr alles darauf an, mehr oder weniger gelungene Interaktionen (gelungen vom Standpunkt des Individuums in seiner sozialen Einbettung) unter dem Aspekt ihres Verlaufs, ihrer Bewegung, zu erfassen. In diesem Sinne steht jede auf Zustände und nicht auf Bewegungsformen bezogene Typologie quer zur Systematik der Individualpsychologie.

Für ADLER ist das Problem der „Nützlichkeit" eines, das sich aus der von ihm sogenannten „Logik des Zusammenlebens" heraus stellt und lösen läßt: eine selbstgewählte übertriebene Distanz, fixierte übergeneralisierte Abwehr und Absicherungen gegen die Realität bei gleichzeitiger Ich-Bezogenheit,

---

[19] „Individualpsychologie und Wissenschaft", a.a.O., S. 408.
[20] Fischer Taschenbuch Bd. 6199, S. 122.

Entwertung der vorgefundenen Wirklichkeit und überkompensatorische (aktive oder passive) Anpassungsbewegungen – zögern, steckenbleiben, ausweichen – sind ein Verstoß gegen diese Logik, ein hilfloser und in diesem Sinne unnützlicher Protest gegen eine Notwendigkeit, die uns gattungsmäßig aufgegeben erscheint.

Zusammenfassend läßt sich also sagen: In der Neurose wird das selbstwertstabilisierende, lebensnotwendige ,Adgredi' des Subjekts an seine Objekte irritiert, d. h. gehemmt oder übertrieben, und dabei *selbstbezogen und nicht objektbezogen gehandhabt*. Das objekt – bzw. sachbezogene „mutige" Handeln, das die Bedingungen der sozialen und materialen Umwelt (die „Logik des Zusammenlebens") bewußt erkennt und anerkennt – auch als zu verändernde! –, charakterisiert den vom „Gemeinschaftsgefühl" geprägten Lebensstil und wird von ADLER mit dem Prädikat der „Nützlichkeit" gekennzeichnet. In der Neurose erlebt das Individuum einen Konflikt zwischen der „Logik des Zusammenlebens" und seinen Möglichkeiten und Fähigkeiten, dieser Logik gerecht zu werden – es entwickelt daraufhin eine „private Logik" (in diesem Band (S. 95). Das aus diesem subjektiven und – was seine Ursachen und Ziele betrifft – unbewußten (weil unverstandenen Konflikt) resultierende Handeln bezeichnet ADLER als „unnützlich" in dem Sinn von „allgemein unnützlich", was auch den Patienten letzten Endes einschließt. Warum bedient sich denn der Patient seiner Symptome, obwohl er unter ihnen leidet? Weil sie seiner privaten Logik gemäß einstweilen nützlich für ihn sind: er zieht privat, d. h. für sich allein und auf Kosten der anderen, Nutzen aus seinem Verhalten.

Auf diese Weise also buchstabiert die Individualpsychologie, die sich immer geweigert hat, im unteilbaren Individuum mehr oder weniger selbständige Instanzen anzuerkennen, den „Konflikt zwischen Es und Über-Ich" anders als die (orthodoxe) Psychoanalyse: das sich selbst entfremdete Subjekt erlebt sich als Objekt fremder Mächte und verhält sich auf sich bezogen, es versteht sich nur noch als Produkt und nicht mehr gleichzeitig auch als Produzent seiner Verhältnisse. Selbst seine Anstrengungen, zur verlorenen Subjekthaftigkeit zurückzufinden sind in Übersteigerung und Verabsolutierung durch die Spuren dieser Entfremdung entstellt. Resultierte die Einheit der Neurose für den frühen ADLER noch aus einem Grundkonflikt, der sich um das Selbstwerterleben entfaltet – nämlich aus der Entgegensetzung des (von außen) induzierten Zweifels am eigenen Selbstwert und dem unstillbaren Bestreben, den Wert der eigenen Person vor sich und anderen zu sichern und zu beweisen – so gründet sich für den späten ADLER diese Einsicht auf die Fehlprogrammierung des gattungsmäßig angelegten Kompensationsstrebens in Form einer Über- bzw. Fehlkompensation.

Das Problem der Neurosenwahl hat er dieser Erkenntnis strikt untergeordnet und gegenüber allen psychiatrischen und psychoanalytischen Typologisierungsversuchen darauf beharrt, daß es immer nur Mischfälle gebe. *Damit hat ADLER die Möglichkeit von Schwerpunktsetzungen bei der Beschreibung von Neurosenformen nicht geleugnet, solange sie nicht als Erklärungen behandelt werden.* Schwerpunktmäßige Beschreibungen der zugrundeliegenden Angst- und Mangelerlebnisse und der Wahl der dazugehörigen Abwehr- und Sicherungsmethoden, wie sie z. B. von ANNA FREUD, HARALD SCHUTZ-HENCKE und FRITZ RIEMANN vorgelegt wurden, scheinen seinem System kompatibel. Je mehr allerdings die diesen Erscheinungen zugrundeliegende Bewegung als Zustand interpretiert und in der Annahme von „Instanzen" und „Strukturen" reifiziert zu werden droht, umso weiter entfernt man sich von dem hier vorgestellten Grundmodell der Neurose.

Düsseldorf, im Oktober 1980 ROBERT F. ANTOCH

Liste der Fälle

Ein Junge, der sich vor Entscheidungen fürchtet
Platzangst mit Herzsymptomen
Angst vor hohen Gebäuden
Ein Mädchen, das unter Zwangsvorstellungen leidet

Ein schizophrener Junge
Übertriebene Schwermut einer älteren Frau
Die dominierende Frau mit einer Melancholie

Ein Junge mit zwanghaften Schuldgefühlen
Eine junge Frau, die immer ein Junge sein wollte

Ein Ehemann, der durch Trinken herrscht
Eine Frau, die Morphium nimmt
Die Geliebte mit Kopfschmerzen und Herzbeschwerden

Der Junge, der dachte, er sei ein Prophet
Der hellseherische und sprachlose Geschäftsmann
Flucht durch Trinken
Selbstmord-Tendenzen bei einem Medizinstudenten

Depressionen, wenn alles gut geht
Polygame Wünsche im Gefolge von Impotenz
Der Bettler als König
Platzangst: Meiden von Menschen

Grausamkeit bei einem zweitgeborenen Kind
Sauberer zu sein als irgend jemand sonst
Der Arzt unter der Obhut seiner älteren Schwestern
Das einzige Kind der Damenschneiderin, ein Sohn
Eine Mutter gesteht ihrer Tochter Fehler ein

Doppelte Abkehr von der Wirklichkeit
Der aufgeblasene rote Frosch

Der Mann, der seine Cousine heiraten wollte
Die Frau, die mit sechzig eifersüchtig wurde
Herzneurose und Eifersucht
Angst vor Syphilis
Sich vor der männlichen Rolle drücken
Ein Mädchen mit masochistischen Phantasien

Eine überkritische zwanghafte Hausfrau
Rache eines Mädchens an ihrem Vater
Depression als Schutz vor der Ehe
Streit mit der Frau beim Wachen und Träumen

1. Unnützliche Überlegenheitsziele

Das Problem jeder Neurose besteht darin, daß der betroffene Patient an einem prekären Handlungs-, Denk- und Wahrnehmungsstil festhält, der die Forderungen der Wirklichkeit verfälscht und leugnet. Erst wenn diese Lebensweise zu schwierig geworden und an den Rand des Zusammenbruchs führt, wird der Fall gewöhnlich dem Arzt vorgeführt, der dann vor der Aufgabe steht, die richtige Korrekturmethode zu finden. Das für Patient und Arzt gemeinsame Problem und somit die Grundlage ihrer Zusammenarbeit besteht folglich darin, den Fehlern des Patienten auf den Grund zu gehen und ihr eigentliches Wesen zu verstehen. Dies erfordert nicht nur eine wahrheitsgetreue Erfassung der entscheidenden Stationen seiner Lebensgeschichte, sondern darüber hinaus auch eine Vorstellung von der dynamischen Einheit dieser Lebensgeschichte als ein fortwährendes Streben nach einer darin enthaltenen Überlegenheit.

Wie durch die Arbeit der Individualpsychologen in überreichem Maße bewiesen, ist bei jeder Neurose der bestimmende Faktor ein individuelles Überlegenheitsziel, doch das Ziel selbst hat seinen Ursprung stets in aktuellen Erfahrungen der *Minderwertigkeit*, von denen es auch bestimmt wird. Als erster Schritt muß der Arzt die wirklichen Gründe der Minderwertigkeitsgefühle erkennen, die der Patient in unterschiedlichem Maße und je auf eigene Art und Weise vor sich verbirgt. Das Minderwertigkeitsgefühl wird im allgemeinen als Zeichen von Schwäche und als etwas Schimpfliches angesehen, und von daher besteht bei den Menschen naturgemäß eine starke Neigung, es zu verheimlichen. Das Bemühen, dieses Gefühl zu verbergen, kann tatsächlich so stark sein, daß der betreffende Mensch seine Minderwertigkeit als solche gar nicht mehr erkennt, sondern sich nur noch mit den Folgen des Gefühls und all den objektiven Einzelheiten beschäftigt, die ihm dabei behilflich sind, das Gefühl im verborgenen zu halten. Ein Mensch kann seine ganze Mentalität so gründlich auf dieses Bemühen ausrichten, daß der gesamte Fluß seines Seelenlebens, der unablässig von unten nach oben drängt – das heißt vom Gefühl der Minderwertigkeit zu dem der Überlegenheit –, völlig automatisch abläuft und sich seiner Wahrnehmung entzieht.

Daher ist es keineswegs überraschend, daß wir oft eine negative Antwort erhalten, wenn wir einen Menschen fragen, ob er ein Minderwertigkeitsgefühl hat. Man sollte auf diesem Punkt besser nicht beharren, sondern die geistigen und psychischen Regungen beobachten, in denen sich seine Haltung und sein persönliches Ziel stets sicher ausmachen lassen. Auf diese Weise entdecken wir bald bei jedem Menschen ein mehr oder minder großes Maß an Minderwertigkeitsgefühl, das verbunden ist mit einem kompensatorischen Streben nach einem Überlegenheitsziel. Ein solch universales Gefühl ist an sich noch nicht sträflich, denn seine Bedeutung und sein Wert hängen ausschließlich davon ab, wie es gebraucht wird. Die wichtigste Entdeckung der Individualpsychologie besteht darin, daß dieses Gefühl als Anreiz verwandt werden kann, sich weiterhin der nützlichen Seite des Lebens zu widmen.

Ein Junge, der sich vor Entscheidungen fürchtet

Diese allgemeinen Feststellungen treffen ziemlich genau auf den Fall eines siebzehnjährigen Jungen zu, der (zweites Kind in seiner Familie) mir vorgestellt wurde, weil er unter Angst litt und äußerst wütend wurde, wenn er sich Schwierigkeiten gegenübersah. Auch hatte er Magenbeschwerden und Durchfall, wenn er zum Bergsteigen ging, einem Sport, den er gelegentlich zusammen mit seinen Klassenkameraden ausübte. Seine Mutter war intelligent; sie mochte ihn, wenngleich sie offensichtlich seinen älteren Bruder vorzog, der ihr weniger Mühe machte. Der ältere Bruder war viel kräftiger, größer, und er war ein guter Sportler. Der Vater war ein fähiger Mann, und der Patient schätzte ihn sehr.

Der Junge fürchtete sich vor jeder Entscheidung, da sein Minderwertigkeitsgefühl zu groß war, als daß er Vertrauen zu sich gehabt hätte. Er war jedoch nicht bereit zuzugeben, daß dieses Gefühl auf irgendeinem Grund beruhte, auf den er Einfluß hatte. Er beharrte darauf, er sei so geboren, wie er nun einmal war, und könne ganz und gar nichts für sein Wesen.

Die Einstellung des Patienten dem Leben gegenüber bestand im Zögern. Sah er sich vor Probleme gestellt, machte er ständig Schwierigkeiten, obwohl er auf diese Weise langsamer wurde, blieb er nie ganz stehen. Er war ein sehr guter Schüler, lebte jedoch in beständiger Furcht, auch diesen Vorteil einzubüßen, und er konnte sich überhaupt nicht entschließen, was er nach dem Schulabgang tun solle. Er suchte keine Freunde, Mädchen mochte er nicht, und er fürchtete sich vor sexuellen Erfahrungen. Einige seiner Schwierigkeiten, so glaubte er, seien die Folge von Masturbation und Pollutionen. All dies läßt typische Unentschlossenheit und Mangel an Zutrauen hinsichtlich der drei Lebensprobleme erkennen: Gemeinschaft, Beruf und Liebe. In allen drei Fragen wich er einer Antwort aus oder suchte sie hinauszuschieben. Er maskierte sein Gefühl von Unzulänglichkeit, indem er verschiedene *Ursachen* verantwortlich machte, und auf diese Weise vergewisserte und überzeugte er sich, etwas wert zu sein. Es ist allerdings bemerkenswert, daß der Patient trotz seiner Schwierigkeiten vorankam. Er war ein guter Schüler und stieg auf Berge – eine Betätigung nebenbei, die gewöhnlich Menschen, die sich vom Leben überlastet fühlen, als Mittel einsetzen, um sich Überlegenheitsgefühle zu verschaffen. Vom günstigen Blickwinkel eines Überlegenheitsgefühls aus Lebensschwierigkeiten zu betrachten und zu betonen, ist fast so gut wie damit zu prahlen, daß man sie überwunden habe. Um sich dem Bewußtsein seines Minderwertigkeitsgefühls zu entziehen, gab der Patient natürlichen Widrigkeiten und Masturbation und vor allem vererbten Unzulänglichkeiten die Schuld für seine Schwäche.

Auf die Vererbungstheorie sollte in der Erziehung oder in der Theorie und der Praxis der Psychologie niemals besonderes Gewicht gelegt werden. Außer in Fällen von nicht normalen Kindern und Idioten von Geburt an kann man richtigerweise annehmen, daß jedermann alles Notwendige leisten kann. Damit sollen natürlich die Unterschiede im Erbgut nicht geleugnet werden, doch entscheidend ist immer die Frage, welchen Gebrauch man davon macht. Nur so verstehen wir die enorme Bedeutung von Erziehung. Richtige Erziehung ist die Methode zur Entwicklung des einzelnen mit all seinen ererbten Fähigkeiten und Unfähigkeiten. Durch Mut und Training lassen sich Unfähigkeiten sogar soweit kompensieren, daß sie zu großen Fähigkeiten werden. Eine Unfähigkeit wird, sofern man richtig mit ihr umgeht, zu einem Anreiz, der zur höheren Leistung anspornt. Es überrascht uns nicht mehr, wenn wir feststellen, daß Menschen, die in ihrem Leben bemerkenswerte Erfolge errungen haben, zu Beginn durch Unfähigkeiten und starke Minderwertigkeitsgefühle beeinträchtigt waren. Auf der anderen Seite stellen wir fest, daß ein Mensch, der von sich glaubt, er sei das Opfer von vererbten Mängeln und Unfähigkeiten, mit einem Gefühl der Hoffnungslosigkeit in seinen Anstrengungen nachläßt, und auf diese Weise ist seine Entwicklung ständig verzögert.

Lehrer übertreiben die schlimmen Auswirkungen von Erbfaktoren, um die Unergiebigkeit ihrer Erziehungsmethoden zu entschuldigen. In seiner Biographie von Karl dem Großen schreibt Einhardt interessanterweise, der Kaiser habe aus reinem Mangel an Begabung für solche Dinge weder lesen noch schreiben lernen können! Nun, mit der Entwicklung der Erziehungsmethoden ist jedes normale Kind diesen Aufgaben gewachsen. Dieses und viele andere Beispiele lassen den Eindruck entstehen, daß Autoren, Lehrer oder Eltern, wann immer sie keine Methoden finden können, um Fehler durch Erziehung zu korrigieren, erbliche Mängel dafür verantwortlich machen. Der Aberglaube, den diese Gewohnheitshaltung erzeugt, ist eine der größten und am häufigsten anzutreffenden Schwierigkeiten in der Erziehung und im Umgang mit „Problemkindern", ganz zu schweigen von der Behandlung von Kriminellen, Neurotikern und Psychotikern. Doch für die Behandlung solcher Zustände ist allein die Annahme vernünftig, von der die Individualpsychologie ausgeht, nämlich, daß jeder gleichermaßen seiner Lebensaufgabe gewachsen ist. Das soll nicht heißen, daß die Ergebnisse gleich sind oder auch nur gleich sein können, denn natürlich muß man die Ungleichheiten des Trainings, der jeweiligen Methode und vor allem den Grad an bewiesenem Mut in Rechnung stellen.

Um zu dem fraglichen Fall zurückzukehren: Die Fähigkeit und das Können des Vaters boten dem Jungen einen zusätzlichen Grund für sein Gefühl, daß er es im Leben zu nichts bringen könne. Es ist wohlbekannt, daß die Kinder großer Menschen sehr häufig erfolglos sind; sie fühlen sich nicht in der Lage, jemals die hohen Positionen zu erreichen, wie sie ihre Väter innehatten, und daher nehmen sie nichts ernsthaft in Angriff. Im Falle unseres Patienten vergrößerten auch die guten Leistungen seines älteren Bruders seinen Abstand vom Überlegenheitsziel im Familienkreis. Er fühlte sich hoffnungslos zurückgesetzt. Die Neurose, die er entwickelte, war ein Schutz vor dem schmerzlichen Bewußtsein seiner Minderwertigkeit. Sie war die Übernahme einer Einstellung, die für ihn die Bedeutung hatte: „Wenn ich nicht ängstlich, wenn ich nicht krank wäre, dann wäre ich in der Lage, genausoviel zu leisten wie die anderen. Wenn mein Leben nicht voller schrecklicher Schwierigkeiten wäre, würde ich sicher der Erste sein." Mit dieser Einstellung kann sich ein Mensch immer noch überlegen fühlen, denn die Entscheidung über seinen Wert und seine Qualität liegt jenseits von Beweisen, liegt im Bereich der Möglichkeiten. Seine Hauptbeschäftigung im Leben besteht darin, nach Schwierigkeiten Ausschau zu halten, Mittel zu finden, um sie zu vergrößern oder zumindest sein Gefühl für ihre Schwere zu verstärken. Die allergewöhnlichsten Schwierigkeiten, jedermann bekannt, werden von ihm sorgfältig gesammelt und zur Schau gestellt. Er tut dies mehr, um sich als um andere zu beeindrucken, aber naturgemäß stellen andere Menschen seine Last in Rechnung und erwarten nicht zuviel von ihm. Darüber hinaus erscheint jeder Erfolg, den er erzielen mag, durch diese eifrig angepriesene Beeinträchtigung um so größer, so daß sie sein nützlichster Besitz wird. Durch sie erhält er die Möglichkeit, ein privilegiertes Leben zu führen, ein Leben, an das ein weniger strenger Maßstab angelegt wird als an das anderer. Gleichzeitig bezahlt er freilich mit seiner Neurose den Preis dafür.

Platzangst mit Herzsymptomen

Ein weiterer Fall von Angstneurose, welche die Gestalt einer Agoraphobie, einer Platzangst annahm und mit Herzbeschwerden einherging, widerfuhr einem Mann von 35 Jahren. Die Angstneurose ist stets symptomatisch für eine furchtsame Attitüde gegenüber den drei Lebensproblemen, und Menschen, die darunter leiden, sind, wie sich immer wieder feststellen läßt, „verzärtelte" Kinder.

Dieser Mann träumte: „Ich überquerte die Grenze zwischen Österreich und Ungarn, und sie wollten mich ins Gefängnis sperren." (Nebenbei, solche kurzen Träume eignen sich am besten für die Analyse.) Dieser Traum ließ den Wunsch des Mannes erkennen, zum Stillstand zu kommen, sich nicht weiter fortzubewegen, und zwar aufgrund der Angst, er könne eine Niederlage erleiden, wenn er vorwärtsging. Die Traumdeutung bestätigt überzeugend unsere Auffassung von Angstneurosen. Der Mann wollte den Umfang seiner Tätigkeit im Leben begrenzen, wollte „die Zeit anhalten", um so Zeit zu gewinnen. Er suchte mich auf, weil er heiraten wollte, und die unmittelbar bevorstehende, drohende Aussicht seines Tuns hatte ihn bewegungsunfähig gemacht. Die Tatsache, daß er mich wegen seiner Heirat um Rat fragen wollte, ließ ganz deutlich seine Einstellung ihr gegenüber erkennen. Desgleichen spiegelte sich die Art und Weise, wie er sich in seiner Ehe verhalten würde, in seinem Traum wider, in dem er sich befahl: „Überschreite die Grenze nicht!" Das im Traum auftauchende Gefängnis spiegelte gleichfalls die Auffassung des Träumers von der Ehe wider. Wir verraten uns häufig durch solche Traumbilder. Wir benutzen sie, um uns darin zu üben, mit den Problemen der nahen Zukunft auf eine Art und Weise fertig zu werden, die in Einklang steht mit unserem *Lebensstil*, jedoch nicht mit der Logik der jeweiligen Situation.

Der Lebensstil wird in den ersten vier oder fünf Jahren der Kindheit ausgebildet. Diese Lebensperiode endet mit der vollen Entwicklung des Ichs und seiner anschließenden Fixierung auf eine Lebenseinstellung. Von diesem Zeitpunkt an werden die Antworten auf die vom Leben gestellten Fragen diktiert, allerdings nicht von der Wahrheit, die in Beziehungen selbst liegt, sondern von bestimmten mechanisierten Einstellungen, die wir als *Stil* des Individuums bezeichnen. So erklären wir uns die Tatsache, daß ein bestimmter Anpassungsfehler – wie der Wunsch, im Mittelpunkt zu stehen, überlastet zu werden, nicht gezwungen zu werden, nicht eingeschränkt zu werden, usw. – sich ein Leben lang unverändert erhalten kann.

Ein sehr erfolgreicher Mann, vierzig Jahre alt, klagte darüber, er könne kein hohes Gebäude betreten, ohne den Impuls zu spüren, sich aus einem Fenster zu stürzen. Er habe immer vor allem und jedem Angst gehabt, erklärte er. Als jüngstes von sechs Kindern war er von seiner Mutter sehr verwöhnt worden. Dieser Fall offenbart auf den ersten Blick den Wunsch, man solle von ihm denken, er sei überlastet und in Gefahr. Der Patient kann es nicht vermeiden, in höhere Stockwerke zu gehen, doch er vermischt diesen Vorgang mit seinem Wunsch, in einer gefährlichen Situation zu sein, und klammert sich an die Gefahr, indem er einen Impuls zum Hinunterspringen entwickelt.

In diesem und den zwei weiter oben zitierten Fällen ist, was das Motiv des Überlastetseins angeht, das Überlegenheitsziel ähnlich gelagert. Doch der zuletzt genannte Mann geht noch weiter. Er möchte aus einem Fenster springen, doch siehe da, er überwindet seinen Wunsch und lebt noch. Er ist sogar noch stärker als er selbst.

Zur Stützung dieser Diagnose möchte ich eine Erinnerung aus der Kindheit des Patienten anfügen. „Mit sechs Jahren ging ich zur Schule. Ich war nicht sehr glücklich. Ausgerechnet am ersten Tag griff mich ein Junge an. Ich hatte schreckliche Angst und zitterte, doch ... ich sprang auf ihn zu und schlug ihn nieder." Dieses Erinnerungsstück hält die zwei typischen Motive fest, die den Lebensstil des Mannes bestimmen. Er zittert zuerst vor Angst, doch nur um sie zu überwinden. Und das kleine Wort „doch" läßt die vielfältige Bedeutung seiner Kompensation von Minderwertigkeitsgefühlen durchscheinen.

Ein Mädchen, das unter Zwangsvorstellungen leidet

Eine junge Frau von 27 Jahren kam nach fünfjährigem Leiden zu mir in die Sprechstunde. Sie erklärte: „Ich war bereits bei so vielen Ärzten, daß Sie meine letzte Lebenshoffnung sind." „Nein", erwiderte ich, „nicht die letzte Hoffnung. Vielleicht die vorletzte. Es gibt noch andere, die Ihnen auch helfen können." Ihre Worte waren eine Herausforderung an mich;

sie wollte mich *herausfordern*, indem sie zu verstehen gab, ich könne sie nicht heilen, um mich so um so stärker in die Pflicht zu nehmen, es doch zu tun. Dies ist der Patiententyp, der die Verantwortung auf andere abladen möchte, eine typische Entwicklung bei verzärtelten Kindern. Man geht nicht fehl, wenn man annimmt, daß die Patientin es in ihrer Kindheit ständig fertig brachte, andere zu veranlassen, sich um sie zu kümmern; und wir können davon ausgehen, daß es sich wahrscheinlich in erster Linie um ihre Mutter handelte. Um diesen Eindruck zu bestätigen, benötigen wir zusätzliche Fakten, doch es gibt Methoden, mit denen man sie sich sogar im Erstinterview beschaffen kann.

Nebenbei, es ist wichtig, daß man sich einer Herausforderung, wie ich sie hier geschildert habe, entzieht. Der Patient mag bei der Vorstellung, der Arzt sei seine „letzte Hoffnung", unter starker Gefühlsspannung stehen, doch wir dürfen eine solche Auszeichnung nicht hinnehmen. Wenn wir es doch tun, bereiten wir den Boden für eine schwere Enttäuschung, ja sogar für Selbstmord.

Dieses Mädchen war ein zweitgeborenes Kind. Seine ältere Schwester war schöner als es, abgesehen davon, daß sie sehr gescheit und beliebt war. So war das Leben der Patientin ein rastloses Bemühen gewesen, ihre Rivalin einzuholen. Die Schwester ging eine Ehe ein, die sich glücklich gestaltete. Auch die Patientin entwickelte sich zu ihrem Vorteil, vor allem intellektuell, und überrundete die Schwester in ihren Schulleistungen. Doch die Schwester war viel charmanter und anziehender und gewann viel leichter Freunde. Das Leben der älteren Schwester verlief glatter und gefälliger, und das wiederum gab ihr größeres Selbstvertrauen. Die jüngere Schwester stand aufgrund ihres Unsicherheitsgefühls unter dem Eindruck, sie müsse sich gegenüber anderen behaupten, ein Verhalten, das Freundschaften vereitelte. Zweifellos erkannte keine der Bekanntschaften der beiden Mädchen das wahre Wesen und die Ursache dieses Unterschiedes zwischen ihnen, doch sie spürten es allesamt unbewußt, und so fühlten sie sich von der einen angezogen, von der anderen abgestoßen.

Die Patientin hatte sich im Alter von vierzehn Jahren verliebt. Damals wurde sie deswegen verspottet und lächerlich gemacht, so daß sie es seitdem stets ablehnte, die Rolle einer liebenden Frau zu spielen. Als ihre Schwester heiratete, verliebte sie sich in einen verheirateten Mann. Eine solche Verbindung kann man nicht von vornherein und grundsätzlich verurteilen. Niemand kann wissen, ob sich eine derartige Liebesbeziehung zum Guten wendet oder nicht. Doch wir können auch die Tatsache nicht übersehen, daß jedes Mädchen, das sich in einer solchen Situation befindet, die großen Schwierigkeiten, die damit verbunden sind, genauso deutlich sieht wie seine Eltern oder sonst jemand. Und ein Mädchen, das eine solche Erfahrung macht, redet sich ein: „Das ist die Liebe." Wenn es eine derart beschwerliche Liebesbeziehung eingeht, hat man zunächst einmal allen Grund zu argwöhnen, daß es Liebe und Ehe samt deren Folgen nicht zu Ende denken möchte. In unserem Falle stellen wir fest, daß die Patientin gegenüber diesem neuen Lebensproblem der Liebe die gleiche zögernde, unverbindliche Attitüde einnimmt, die sie auch in der Vergangenheit an den Tag gelegt hatte. Es gab Gründe dafür. Sie war weniger attraktiv als ihre Schwester, und sie war wegen ihrer ersten Liebesbeziehung verlacht worden. Ein Mädchen, deren Wesen derart von Konkurrenzdenken geprägt ist und sich Überlegenheit zum Ziel gesetzt hat, schwebt ständig in der Gefahr, durch eine Eheschließung Mut und Selbstvertrauen zu verlieren. Gewöhnlich empfindet sie die Ehe als Bedrohung ihres Überlegenheitsgefühls. Die glückliche Ehe der Schwester unserer Patientin nährte noch solche Befürchtungen, wie es auch die unglückliche Ehe ihrer Eltern und die Minderwertigkeit ihrer Mutter getan hatten.

Die zögernde Attitüde gegenüber Liebe und Ehe trat in offenen Diskussionen mit ihr zu Tage. Sie erklärte: „Ich bin sicher, daß mein Mann mich zwei Wochen nach der Hochzeit verlassen wird." Als ich sie auf ihr tiefsitzendes Minderwertigkeitsgefühl hinwies, das ihrer Flucht vor der Ehe zugrunde lag, suchte sie die zitierte Äußerung zurückzunehmen. Doch die bloße Tatsache, daß ein solcher Gedanke, selbst im Scherz, auftauchen konnte, läßt erkennen, daß ihr Geist mit diesem besonderen Problem stark beschäftigt war.

Selbst als der Mann, den sie liebte, sie küssen wollte, entzog sie sich eilends seiner Zärtlichkeit. Auf diese Weise stellte sie Distanz her zu den Anforderungen von Liebe und Ehe und opferte sie alles für ihr neurotisches Überlegenheitsziel. „Wenn der Mann nicht schon verheiratet wäre, würde ich ihn heiraten", so lautete ihre Antwort auf dieses Lebensproblem.

Das Wörtchen „Wenn" ist gewöhnlich das Leitmotiv im neurotischen Drama. Bei jedem neurotischen Dilemma ist das „Wenn" die letzte Zuflucht und der einzige Weg zu entkommen. Für den *Willen zu entkommen* gibt es nur einen einzigen Grund, und das ist Angst vor der Niederlage, ein Grund, der am schwersten zuzugeben ist. An diesem Punkt finden wir daher häufig mancherlei fiktive Formen von Angst, die der Patient auf die verschiedenste Weise erklärt, jedoch niemals ehrlich, das heißt niemals als simple Angst vor dem Geschlagenwerden. Agoraphobie, Angstneurose und all die Phobieformen können hier ihren Ursprung haben, doch wie sie auch aussehen mögen, sie erfüllen ihren Zweck, den Weg zu weiterer Aktivität zu versperren. Was man sich wünscht, wird auf diese Weise erreicht, nämlich der Prüfung zu entgehen, ohne das verhaßte Minderwertigkeitsgefühl offenbaren zu müssen, nicht einmal vor sich selbst. All die anderen neurotischen Symptome wie Zwangsvorstellungen, Verstimmungen, Müdigkeit, Schlaflosigkeit, Funktionsstörungen wie Herzneurose, Kopfschmerzen, Migräne und dergleichen ergeben sich aus der starken Spannung, die mit dieser höchst schwierigen Verheimlichung verbunden ist.

Durch diese Spannung werden die Organe am meisten gestört, die aufgrund einer ererbten Schwäche dafür empfänglich geworden sind. Wenn eine ganze Familie zu einer bestimmten Organschwäche neigt, stellen wir folglich fest, daß einige Mitglieder unter organischen Krankheiten leiden, andere hingegen an neurotischen Symptomen eben dieses Organs. In solchen Fällen dürfen wir den Zusatzfaktor der Imitation nicht außer acht lassen. Im Unterschied zu anderen Psychologen sind wir allerdings der Auffassung, daß nur solche Symptome imitiert werden, die sich mit dem neurotischen Überlegenheitsziel vereinbaren lassen.

Unsere Patientin hatte in einem Büro eine Position inne, die ihr eine Führungsrolle verlieh und in der sie sehr geschätzt und anerkannt wurde, doch wie alle Menschen mit einem übermäßigen Minderwertigkeitsgefühl hungerte sie ständig nach Anerkennung und suchte immer noch mehr zu erlangen. Im Alter von neunzehn Jahren nahm sie eine andere Stelle an und mußte auf die Bewunderung verzichten, die sie zuvor so genossen hatte. Wenn wir uns ihren Fall anschauen, können wir festhalten:

1. Sie traute sich nicht zu, mit ihrer Schwester zu konkurrieren, weder was Freundschaften noch was eine erfolgreiche Ehe betraf.

2. Sie hatte Angst davor, sich den Problemen von Liebe und Ehe zu stellen.

3. Sie hatte eine günstige Berufsposition verloren.

Kurz, alle die Niederlagen, vor denen sie sich gefürchtet hatte, waren ihr widerfahren, und ihr starkes Minderwertigkeitsgefühl hatte sich als berechtigt herausgestellt. Sie machte sich zwar über ihre Situation nicht solche Gedanken, doch sie ließ durch die entsprechende Stimmung erkennen, daß sie solche Gefühle hegte.

In diesem Zusammenhang bemerken wir eine typische Zuspitzung und Übertreibung eines Aspekts des Lebensproblems, nämlich der Angst vor Niederlagen. Wer sich auf der nützlichen Seite des Lebens betätigt, muß immer mit der Möglichkeit von Niederlagen rechnen, und normalerweise überschätzen wir solche Niederlagen auch nicht, sondern sehen gelegentliche Rückschläge als etwas an, das zu jeder menschlichen Unternehmung gehört. Doch in einem Fall wie dem uns vorliegenden ist die Möglichkeit einer Niederlage in den Mittelpunkt des Lebens gerückt. Die Patientin ordnet ihr ganzes Leben dieser Möglichkeit unter, genau wie ein Mensch mit einem Sauberkeitswahn sein ganzes Leben um die Vorstellung von Dreck und Schmutz kreisen läßt und der normale und nützliche Akt des Waschens sich dann zu einer endlosen Suche nach Schmutz aufbläht, nach Schmutz entweder am eigenen Körper oder auf Möbeln, Fußböden oder sonstwo, bis diese Tätigkeit schließlich jede Bedeutung und jeden Sinn für das Leben verliert. Solch ein abwegiger Mittelpunkt der Aufmerksamkeit ist typisch für die Neurose im allgemeinen. Im Fall unseres Mädchens hat sich der frühere Lebenszweck – nämlich die Schwester zu überholen –, der zur unnützlichen Seite zu rechnen ist, auf das noch eingeschränktere, noch negativere Ziel verengt, jeder Art von Niederlage, die sich denken läßt, aus dem Wege zu gehen.

An solch einem Punkt in der Lebensgeschichte entwickeln sich neurotische Symptome. Der Lebensstil mit seinem charakteristischen Stehenbleiben vor jeder Möglichkeit einer

Niederlage ändert sich nicht mehr. Vielmehr fixiert der betreffende Mensch nun seine Attitüde des Stehenbleibens und Anhaltens, indem er nach unmöglichen Sicherheiten verlangt. Wenn er keine Mittel und Möglichkeiten hat, seine Überlegenheit auf der nützlichen Seite des Lebens zu beweisen, wird er ein Problemkind, ein Krimineller oder er begeht auch Selbstmord. Wenn er irgendeine Tätigkeit, freilich eine ungenügende, ausüben kann, wenn er überdies mehr Hoffnung hat, macht er sich vor, er sei durch eine schicksalhafte Behinderung, wie etwa eine Krankheit, in seiner Bewegungsfreiheit eingeschränkt. Er wählt sich bestimmte Symptome aus und formt sie so zurecht, bis sie ihm schließlich wie wirkliche Hindernisse vorkommen. Sein Spannungszustand sorgt schon bald für die anfänglichen psychischen oder körperlichen Störungen, die von unterschiedlicher Art sein können, je nach Lebensstil und angeborener Organschwäche. Hinter dieser Barrikade von Symptomen fühlt sich der Patient geborgen und sicher. Auf die Frage: „Welchen Gebrauch machst du von deinen Gaben?" kommt die Antwort: „Dies da hält mich zurück, ich kann nicht weiter", und der Patient verweist auf die von ihm selbst errichtete Barrikade. Wir sollten niemals außer acht lassen, welchen Gebrauch der Patient von seinen Symptomen macht. Doch er verwendet sie nicht nur in der beschriebenen Weise, auch sie, die Symptome, schlagen zurück und, wie es noch häufiger bei der Psychose geschieht, verändern die Auffassung des Patienten von jeder entscheidenden Lebensfrage.

Wenn der Patient sich bis zur Erschöpfung abmüht, mit seinen neurotischen Problemen fertig zu werden, so ist das nicht nur etwas Schwächendes, Ermüdendes, sondern es entlastet ihn auch innerlich von seinem Streben nach Überlegenheit, das heißt, er erwartet dann wirklich weniger von sich. Solch ein als Selbstschutz dienender Lebensstil kann auch die Gestalt des Überwältigtwerdens von sozialen Schwierigkeiten annehmen.

Die beste Methode, einen neurotischen Patienten zu verstehen, besteht darin, von all seinen neurotischen Symptomen abzusehen und seinen Lebensstil und sein persönliches Überlegenheitsziel in Augenschein zu nehmen. Nur durch genaue Betrachtung dieser beiden Dinge können wir zum vollen Verständnis der Neurose selbst gelangen, denn ihre Entwicklung wird vollständig davon bestimmt. Die Angst vor einer Niederlage, einer wirklichen oder eingebildeten, führt zum Ausbruch der sogenannten neurotischen Symptome. Leben und Gewohnheit lassen den Anschein entstehen, als stimme der betreffende Mensch mit allem, was ihm widerfährt, überein, doch in Wahrheit trennt ihn ein Gefühl tiefster Erniedrigung und Entmutigung vom Leben, und so sucht er entweder anzuhalten oder zu entfliehen. Nach meiner Erfahrung brechen Psychosen wie Schizophrenie, Manie, Melancholie und Paranoia immer dann aus, wenn der Patient das Gefühl hat, endgültig schachmatt gesetzt zu sein, und wenn er keine Hoffnung mehr hat, daß es weitergeht; und das bedeutet, daß er alle Bemühungen aufgibt, die drei Lebensfragen zu beantworten. Ein neurotischer Mensch jedoch ist zwar bereit, eine oder zwei dieser Fragen zu überdenken und zu berücksichtigen, doch er ist angesichts eines neuen, überwältigenden Rückschlags innerlich zusammengebrochen.

Die Fälle, die ich beschrieben habe, lassen ein solch unvollkommenes Stehenbleiben erkennen. In dem soeben betrachteten Fall schien die junge Frau ziemlich gesund zu sein, bis sie den beruflichen Rückschlag erlitt. Da empfand sie noch tiefere Angst vor den Lebensschwierigkeiten, verlor ihre Probleme immer mehr aus dem Blick und strebte in Gestalt von Zwangsvorstellungen nach einer neuen Art von Überlegenheit.

Eines Tages hatte sie die Befürchtung, ihre Handtasche habe sich geöffnet und einige mit Grünspan überzogene Münzen seien in den Gemüsekorb gefallen, den sie für eine andere Frau trug. Sie fürchtete, die ganze Familie der Frau vergiftet zu haben! Eine weitere ihrer Zwangsvorstellungen hatte zum Inhalt, sie habe Straßenstaub an ihren Händen und würde die Bibel ihrer Mutter beschmutzen, wenn sie das Buch berührte, was zu tun sie natürlich von Zeit zu Zeit nicht vermeiden konnte. So kaufte sie nach jeder vermeintlichen Beschmutzung der Bibel heimlich eine neue und legte sie an den Platz der früheren, bis sie ein Dutzend beisammen hatte. Sie schrieb den Büchern diese übertriebene Heiligkeit zu, um sie entweihen zu können, und sie gab ihr Geld dafür aus, damit sie nicht zur Verantwortung gezogen werden konnte. Auf diese Weise wurde sie auch zur Märtyrerin, zu einer unverstandenen Frau und zu einer Seele, die Schande auf sich geladen hatte, indem sie geheiligte Dinge besudelte.

Wenn es das einzige Lebensziel dieser Frau war, auffälliger in Erscheinung zu treten als ihre Schwester, dann war sie auf dem besten Wege, dies zu verwirklichen. Doch dieses neurotische Ziel verstrickte die Patientin in derart praktische Niederlagen, daß es weitaus ratsamer für sie war, darauf zugunsten eines anderen zu verzichten. Das Ziel ihres Strebens bestand darin, die gefürchtete Erkenntnis zu vermeiden: „Meine Schwester ist mir überlegen."

Bei näherem Hinsehen enthüllt sich diese Flucht vor Erkenntnis und Entscheidung auch selbst als Überlegenheitsziel. Wenn die Patientin sich nicht auf Menschen einläßt, kann sie auch keine soziale Niederlage erleiden. Solange sie Liebe und Ehe meidet, kann sie auch nicht an der glücklichen Ehe ihrer Schwester gemessen werden. Was immer auch geschieht, sie kann sagen: „Aber ich bin ja völlig mit meinen Zwangsvorstellungen beschäftigt." Sie muß mit irgend etwas beschäftigt sein. Zeit, Umstände und jegliche Logik, die von ihrer Neurose nicht angetastet wurde, verlangen nach Beschäftigung, so daß sie sich mit dieser Zwangsneurose auf der unnützlichen Seite des Lebens abgibt. Ihre Betätigung ist tatsächlich frei von Konkurrenz und vermeintlich überlegen. Diese Illusion von Überlegenheit zeigt sich in ihrem Streben, in Zwangsvorstellungen, sie sei für das Leben anderer Menschen und für ihre Reinheit verantwortlich. Das Bemühen, ein überlegenes Gewissen zur Schau zu stellen, ist ihre Beschäftigung, das ist ihr ganzes Sinnen und Trachten, wegen dem sie nicht zum Stillstand gekommen ist. Wenn sie es wäre, befände sie sich in einem Zustand von Stupor, wie in der Katatonie.

Ehe wir uns den Träumen dieser Patientin zuwenden, scheinen einige allgemeine Anmerkungen am Platze. Eine Psychologie, die Träume nicht verstehen und deuten könnte, würde einen großen Teil des Seelenlebens aus ihrer Betrachtung ausschließen und wäre mithin eine höchst unvollkommene Psychologie. Daher ist die Freudsche Auffassung von Träumen ein bedeutsamer Beitrag zur Psychologie. Leider hat ihr Autor aufgrund seiner irrigen Annahme von der Dominanz des Sexualfaktors die entscheidenden Prinzipien der Traumbildung übersehen. Das hinderte ihn an der Erkenntnis, daß die Einstellung zur Sexualität durch das Ziel der Vollkommenheit oder Überlegenheit bestimmt wird. Wir müssen abnorme Sexualbestrebungen stets als Ausdruck des gesamten Lebensstils deuten und nach den ihnen zugrunde liegenden, tieferen Regungen Ausschau halten.

Den weitestgehenden praktischen Fortschritt im Verständnis von Träumen verdanken wir einem Beitrag der Individualpsychologie, nämlich der Erkenntnis, daß jeder Traum sich seine *Stimmung* schafft. Um entsprechend dem jeweiligen Überlegenheitsziel mit einer bestimmten Situation fertig zu werden, läßt der Traum eine Stimmung anklingen. Nur dies erklärt die mysteriöse Tatsache, daß die Menschen ihre eigenen Träume nicht verstehen. Träumen ist ein Prozeß, bei dem sich der Träumer im Schlaf von der Wirklichkeit und dem common sense abwendet und dem jeweiligen Überlegenheitsziel zustrebt. Unsere gegenwärtigen Probleme durch logisches Planen und Denken mit diesem Ziel in Verbindung zu bringen, ist sehr schwierig, doch durch Gefühle ist es einfach, und ihr „Kurzschluß", das ist der Traum.

Wie ich an anderer Stelle gezeigt habe, ist der Traum eine Kleideranprobe, der tastende Versuch eines Schrittes in Richtung auf das fiktive Ziel hin. Automatisch erzeugt er ein illusorisches Bild davon, wie man ohne Rücksicht auf die Logik der Situation zum Erfolg kommen kann.

Unsere Patientin träumte, sie stürze nieder. Niemand wird leugnen, daß mit einem solchen Traum unangenehme Gefühle wie die einer Niederlage verbunden sind, und wir können nur vermuten, daß sie damit ihren Impuls weiterzugehen abschwächte. Wahrscheinlich stand sie vor einer aktuellen Frage, die sie in entmutigter Weise zu beantworten suchte. Die aktuelle Frage erwies sich in diesem Fall als Einladung des verheirateten Mannes zu einem *Rendezvous*. Ihre Antwort bestand darin, daß sie sich in dem Traum in die von ihr gewünschte hoffnungslose Stimmung versetzte und damit dem Impuls, sich zu verleugnen und sich zu entziehen, nachgab.

Für den Fall, daß der kritische Leser nicht überzeugt ist, möchte ich einen weiteren Traum der Patientin aus derselben Nacht zitieren. Sie wurde von großem Schrecken erfaßt, als sie auf ihrer Haut einige blaue und rote Flecken bemerkte. War das die richtige Vorbereitung auf ein Treffen mit einem Liebhaber? Daß die Flecke die Folgen einer syphilitischen Infektion andeuteten, lag nicht nur auf der Hand, sondern wurde ganz unabhängig von der Patientin selbst ins Spiel gebracht. Bei der Erörterung dieses Themas äußerte sie die Meinung, alle Männer seien untreu und polygam. „Ich bin sicher", rief sie aus – und das habe ich bereits zitiert – „daß mein Mann mich vierzehn Tage nach der Hochzeit verlassen wird. Welchen Vorteil bringt die Ehe, wenn ich ständig erwarten muß, von meinem Mann betrogen und auch noch infiziert zu werden?" Dies liefert den Beweis für ihr Flucht-motiv. Sie fügte noch hinzu: „Ich würde weniger als meine Schwester sein, deren Mann treu ist." Damit hat sich ihr Ziel geändert. Sie möchte ihre Schwester nicht mehr direkt über-holen, sondern hat sich diesen Weg verbaut und schaut sich nach einer anderen Überlegenheit um – auf der unnütz-lichen Seite des Lebens. Sie sucht alle Niederlagen zu vermei-den und vornehmer als irgend jemand anders zu sein.

Das Ziel jedes Menschen ist Überlegenheit, doch bei denen, die ihren Mut und ihr Selbstvertrauen verloren haben, hat es sich von der nützlichen zur unnützlichen Seite des Lebens verschoben. Diese Flucht in ein Leben von Unwirklichkeiten geht automatisch vonstatten: Die Furcht vor Niederlagen *arrangiert* die Gefühle und durch sie die Handlungen, bis eine Situation erreicht ist, die die Furcht mildert. Diese Flucht wird immer als Erleichterung und Entlastung empfunden, doch nicht als solche verstanden. Wenn es anders wäre, würde der Patient es genießen, und das wiederum würde das ganze Arrangement verderben, da der Patient auf diese Weise die Rechtfertigung für sein Zögern und Fluchtverhalten verlöre. Um sich entschuldigen zu können, muß er den Preis des Leidens zahlen. Und die neurotischen Symptome, die nach dem Muster einer Krankheit angelegt sind, gleichen wirklich einer Krankheit und sichern das Überlegenheitsgefühl des Patienten, indem sie ihm den Gedanken nahelegen: „Ich könnte der Erste sein, wenn mein Leiden dies nicht verhin-derte." Ein solcher Lebensstil schließt Glück aus, und zwar *von vornherein* und unabhängig von jeglicher Anpassung an die Umstände.

2. Unfähigkeit, die Lebensprobleme zu lösen

Ein schizophrener Junge

Jede Entwicklung im Leben eines Menschen wird durch sein Lebensziel bestimmt, das die nachfolgenden Lebensphasen organisch miteinander verbindet. Wenn eine Mutter, deren Sohn im Alter von achtzehn Jahren plötzlich schizophren geworden ist, uns erklären will, er sei bis zu dem besagten Alter völlig normal gewesen, können wir ihr leider nicht zustimmen. Und forschen wir im vergangenen Leben des Jungen nach, entdecken wir, daß er eine Neigung zu dominieren hatte und mit seinen Schulkameraden nicht spielte. Eine solche Kindheit ist eine schlechte Vorbereitung für den späteren Umgang mit den wirklichen Lebensproblemen. In diesem Fall war sie eine Vorbereitung auf die Schizophrenie, die nicht plötzlich hereinbrach, sondern das Ergebnis einer Lebenseinstellung war und die erst dann zum Vorschein kam, als der Junge sich einer wirklich schwierigen Situation stellen mußte. Als er achtzehn Jahre alt war, sah er sich den drei Lebensfragen Gemeinschaft, Beruf und Liebe gegenüber und war außerstande, eine Antwort darauf zu geben. Das Unvorbereitetsein eines Patienten auf das Leben zeigt sich nicht in allen Fällen unter günstigen Umständen, noch wenn der Patient vor den wirklichen Lebensanforderungen abgeschirmt wird, vor Anforderungen also, die stets sozialer Natur sind und Gemeinschaftsgefühl verlangen. Die Kindheit ist gewöhnlich eine beschützte Lebensperiode, aber sie kann in einer Art und Weise durchlaufen werden, daß sich kein Gemeinschaftsgefühl entwickeln kann, wie in dem Fall, den wir hier betrachten, und auch im weiter oben beschriebenen Fall des Mädchens, das mit einer älteren Schwester konkurrierte und immerzu ihr Prestige in Gefahr sah und sich daher übermäßig mit sich selbst beschäftigte. Solch eine Situationseinschätzung seitens des Kindes behindert die Entwicklung seines Gemeinschaftsgefühls.

Die Umstände des frühen Lebens, also die der Säuglingspflege, des Kindergartens, der Schule und der Gemeinschaft, bilden das erste Training und die erste Prüfung des Sozialverhaltens. Bei Entstehen einer Neurose können wir stets erkennen, daß diese Kindheitsbeziehungen bereits die späteren Schwierigkeiten des betreffenden Menschen angedeutet haben. Er bemühte sich nicht darum, etwas mit anderen gemeinsam zu tun, oder er tat es auf eine Weise, die ihn merkwürdig oder auffällig von anderen unterschied. Und wenn sich ein Neurotiker an seine Eigenarten und Anpassungsschwierigkeiten im frühen Leben erinnert, dann nur als Rechtfertigung dafür, daß er Abstand zur gegenwärtigen sozialen Umwelt bewahrt. Wenn er durch Notwendigkeit oder eigene Bedürfnisse dazu gedrängt wird, sich einer akzeptierten Verhaltensnorm enger anzuschließen, mag der Neurotiker dem Augenschein nach versuchen sich anzupassen, doch in Wirklichkeit tut er nichts dergleichen: Er beantwortet die neuen Anforderungen mit mechanischen Reaktionen und seit langem antrainierten Einstellungen, unter deren Schutz er sich jedem wirklichen Kontakt entziehen kann. Er mag sich in Konversation und gewohnten Formen der Zusammenarbeit oberflächlich mit anderen zusammentun, doch er geht dabei nur so weit, wie es seinen eingeschliffenen Mechanismen entspricht, und hinter dieser Tarnung schleicht sich seine Seele in ihr geheimes Bollwerk zurück. In diesem Verhalten von Neurotikern, Psychotikern und Problemkindern sollten wir unter allen Umständen eine bestimmte Zwangsläufigkeit, ein notwendiges Ergebnis ihrer Vergangenheit sehen. Die künstlichen Attitüden, die sie sich mühsam zurechtgelegt haben, sind die logische Folge falschen Trainings, und wir richten wenig Gutes damit aus, wenn wir diese Konsequenzen zu korrigieren versuchen. Wir müssen das tieferliegende Motivationsgefüge ändern, den allem Verhalten zugrunde liegenden Lebensstil, und erst dann wird der Patient all seine Lebensaufgaben unter einem anderen, einem neuen Blickwinkel sehen.

Die drei Lebensprobleme, die ich bereits beschrieben habe, müssen von jedem Menschen so oder so gelöst werden, denn die Beziehung des einzelnen zur Welt ist nun einmal dreifacher Art. Niemand kann sich einer klaren Antwort auf die Frage der Gemeinschaft, des Berufes oder der Sexualität entziehen. Und wer immer sich in der Gesellschaft Freunde machen, wer mit Vertrauen und Mut einer nützlichen beruflichen Beschäftigung nachgehen und sein Sexualleben in Einklang mit einem guten Gemeinschaftsgefühl einrichten kann, der ist auch immun gegen jede neurotische Infektion. Doch wenn ein Mensch mit einer oder mehrerer dieser drei unausweichlichen Lebensaufgaben nicht zurechtzukommen vermag, dann mache man sich gefaßt auf Gefühle von Demütigung, Erniedrigung, auf eine spätere Neurose. Schizophrenie ist das Ergebnis eines gleichzeitigen Versagens in allen drei Aufgaben.

Der Junge, dessen Fall wir hier betrachten, war nicht vorbereitet darauf, mit den genannten unvermeidlichen Problemen umzugehen und sie zu lösen. Von unserem Standpunkt aus liegt es auf der Hand, daß er in diesem späten Entwicklungsstadium eine Umerziehung brauchte, und das ist ein Vorgang, der einer speziellen Methode bedarf. Der Praktiker tut gut daran, sich von Anfang an zu vergegenwärtigen, daß man mit Gewalt nichts erreichen kann. Man muß sich dem Patienten in aller Freundlichkeit nähern und ihn in eine aufnahmebereite Stimmung versetzen. Die Aufgabe des Arztes oder Psychologen besteht in der Tat darin, dem Patienten die Erfahrung von Kontakt mit einem Mitmenschen zu vermitteln und ihn sodann zu befähigen, dieses geweckte Gemeinschaftsgefühl auf andere zu übertragen.

Diese Methode, nämlich den guten Willen des Patienten zu gewinnen und dann auf seine Umwelt zu übertragen, entspricht ganz und gar der mütterlichen Funktion. Die soziale Aufgabe der Mutterschaft besteht darin, dem Menschen die Gesellschaft zu interpretieren, und wenn die Mutter dabei versagt, fällt die Aufgabe mit einiger Wahrscheinlichkeit viel später dem Arzt zu, der dafür kaum gerüstet ist. Die Mutter hat nämlich den großen Vorteil körperlicher und seelischer Verwandtschaft auf ihrer Seite; sie ist die stärkste Erfahrung von Liebe und Zusammengehörigkeit, die dem Kind je zuteil wird. Es ist ihre Pflicht, das heranwachsende Kind seelisch und geistig an sich zu binden und das erwachende Bewußtsein des Kindes mit wahren und normalen Vorstellungen von Gemeinschaft, Arbeit und Liebe zu versorgen. Auf diese Weise überführt sie die Liebe des Kindes zu ihr und seine Abhängigkeit von ihr allmählich in eine wohlwollende, vertrauensvolle und verantwortliche Einstellung gegenüber der Gesellschaft und der gesamten Umwelt. Dies ist die zweifache Funktion der Mutterschaft: dem Kind die möglichst umfassende Erfahrung menschlicher Zugehörigkeit zu vermitteln und sie dann zu einer Lebenseinstellung gegenüber anderen zu erweitern.

Übertriebene Schwermut einer älteren Frau

Erst nach einem langen Kampf, nach mühseligem Bemühen, seinen Platz zu behaupten, pflegt sich in der Regel das einzustellen, was wir Psychose nennen. Der betreffende Mensch bricht dann angesichts der drei Lebensfragen völlig zusammen, und jeder Schritt, den er dann unternimmt, ist eine Abkehr von der Logik.

In diesem Zusammenhang sei angemerkt, daß wir mit logisch etwas meinen, was wir als Versuch, ein wirkliches Lebensproblem zu *lösen*, erkennen und einsehen können. Als Beispiel einer psychotischen Entwicklung möchten wir das Leben einer älteren Frau anführen, die von Beruf und Liebe ausgeschlossen ist. Sie wird angegriffen und gekränkt, weil die Gesellschaft (ihre Kinder und Schwiegersöhne), sich nicht genug um sie kümmert. Wenn sie nicht hinreichend Gemeinschaftsgefühl entwickelt hat, um ein starkes Interesse am Leben anderer zu verspüren, wird ihr Fall in der Tat schwierig. Denn das Überlegenheitsziel zieht sie weiterhin genauso stark an wie jeden anderen Menschen und läßt sie fortwährend danach streben, ohne daß sie ein bestimmtes Ziel im Auge hätte. Doch sie findet die Möglichkeit, andere dadurch zu beeindrucken, daß sie sich von ihnen ausbeuten läßt und ihnen ihre Schwäche zum Mißbrauch anbietet. So kann sie wieder zum Mittelpunkt der Aufmerksamkeit werden, sich erneut als Schauspielerin auf der Lebensbühne gerieren, indem sie die Rolle einer völlig hoffnungslosen Frau übernimmt. Sie wird die Zerstörung ihrer Persönlichkeit vorwegnehmen, indem sie sich mit einem verlorenen Menschen identifiziert, und statt daß sie anderen erlaubt, sie durch Vernachlässigung unglücklich zu machen, läßt sie sich in übertriebene Schwermut fallen, ein Verfahren, mit dem auch sie ein wenig Macht über die Gefühle anderer gewinnt, indem sie sie mit ihrem Trübsinn ansteckt. Wir beobachten, daß neurotische Menschen durch Stolz und Ehrgeiz daran gehindert werden, anderen einzugestehen, daß sie sich vernachlässigt fühlen, und so sind sie auch nicht in der Lage, andere unmittelbar zu beschuldigen. Ärger und Wut, die wir in dieser Lebensphase erwarten können, sind aus diesem Grunde im allgemeinen verdrängt und verborgen, auch wenn sie bisweilen ausbrechen können, und solche Menschen rationalisieren ihre hoffnungslose Attitüde dadurch, daß sie alle Anschuldigungen gegen sich selbst richten. In Fällen von Melancholie bringen sich viele Menschen tatsächlich um, nachdem sie sich zuvor einem Exzeß von Selbstbeschuldigung hingegeben und andere zuweilen ostentativ von aller Schuld freigesprochen haben.

Die dominierende Frau mit einer Melancholie

Eine hochintelligente Frau, 46 Jahre alt, hatte acht Jahre, ehe sie zu mir gekommen war, über drei Jahre lang unter einer Melancholie gelitten. Sie war im Alter von 16 Jahren eine Ehe eingegangen, und als sie in den ersten zehn Jahren ihres Ehelebens keine Kinder bekommen hatte, adoptierte sie ein Kind, ohne ihm später zu sagen, daß sie nicht seine wirkliche Mutter war. Diese Situation bringt gewöhnlich in den späteren Jahren Unglück für das Kind mit sich. Danach bekam die Frau noch zwei eigene Töchter. Nach der Eheschließung arbeitete sie im Geschäft ihres Mannes, so daß sie über all seine Affären sehr wohl Bescheid wußte, und als er sich einige Jahre später einen Partner ins Geschäft holte, legte sie keinen Wert mehr darauf, ihrem Mann zu helfen, da sie sich in ihrer Bedeutung geschmälert sah. Sie lag mit dem Partner ihres Mannes in ständigem Streit, bis ihr Vater krank wurde, und dann zog sie sich völlig vom Geschäft zurück, um ihren Vater zu pflegen. Sobald er wiederhergestellt war, entwickelte sie eine Melancholie. Sie verdächtigte ihren Mann, er verschweige ihr geschäftliche Dinge, und fing an zu weinen, wenn er ihr nicht sofort alles erzählte, was sie wissen wollte. Sie wollte ihren Mann beherrschen, und Weinen war ein Mittel, mit dem sie ihn zu unterwerfen suchte. Weinen ist für gewöhnlich eine Anklage gegen einen anderen Menschen. Die Geschäfte ihres

Mannes gingen zufriedenstellend, und es bestand überhaupt kein Grund, daß sie über alle Einzelheiten seiner Arbeit unterrichtet wurde. Doch sie fühlte sich ausgeschlossen und minderwertig, wenn sie nicht alles über das Geschäft erfuhr.

Sie war eine starke Frau, die einen schwachen Mann geheiratet hatte, um ihn zu beherrschen; die Wahl eines gleich starken Partners läßt natürlich eine größeres Maß an Mut erkennen. Die Ehe ist eine konstruktive Aufgabe für zwei Menschen, die entschlossen sind, miteinander zu leben, um einander das Leben zu erleichtern und zu bereichern. Und wenn jemand einen schwächeren Partner wählt – niedriger auf der sozialen Rangstufe oder mit Lastern wie Alkoholismus, Morphinismus oder Faulheit behaftet –, in der Hoffnung, ihn zu „retten", verrät er damit einen verborgenen Wunsch nach Überlegenheit.

Diese Frau zeigte die Hauptmerkmale einer echten Melancholie. Sie verlor ständig an Gewicht, konnte nicht schlafen und war am Morgen immer deprimierter als am Abend. Sie lebte in der Furcht, die ganze Familie würde in Hunger und Elend geraten. Bei der Behandlung ihres Falles bestand mein erstes Ziel darin, sie mit ihrem Mann zu versöhnen. Ich suchte ihr zu zeigen, daß ihr Mann älter werde, daß sie nicht böse auf ihn sein dürfe, sondern diplomatischer mit ihm umgehen solle. Um ihn unterwürfig zu machen, gebe es bessere Methoden als Weinen, erklärte ich ihr. Der Schwächere halte immer irgendeine Form des Widerstandes aufrecht, denn niemand könne ständige Beherrschung ertragen, und wenn sie harmonisch zusammenleben wollten, müßten die Leute einander als gleichwertig behandeln.

Bei der Behandlung von Neurosen benutze ich stets die einfachste und direkteste Methode, die möglich ist, doch es hätte keinen Sinn, der Patientin in diesem Fall zu sagen: „Sie sind eine dominierende Frau, und nun versuchen Sie mit Hilfe der Krankheit zu herrschen", denn das hätte sie gekränkt. Zunächst muß ich sie gewinnen und so weit wie möglich ihre Partei ergreifen. Jeder Neurotiker hat zum Teil recht. Wenn die Frau sich mit fortschreitendem Alter nicht in ihrem Wert herabgesetzt fühlte – eine wirkliche Herabsetzung von Frauen in unserer heutigen Kultur –, würde sie sich nicht in derart unziemlicher Weise an ihr Prestige klammern. Doch ich kann sie nur ganz allmählich dazu veranlassen, der Wahrheit über das, was sie tut, ins Auge zu sehen.

Zur gleichen Zeit entwickelte diese Patientin einen Schuldkomplex, was in einer solchen Situation häufig geschieht. Sie erinnerte sich daran, daß sie ihren Mann vor gut fünfundzwanzig Jahren mit einem anderen betrogen hatte; dieses Ereignis hatte in der ganzen zurückliegenden Zeit keine weitere Rolle für ihr Leben gespielt, doch ganz plötzlich erzählte sie es ihrem Mann und bezichtigte sich eines Vergehens. Dieser sogenannte Schuldkomplex, den wir in der Freudschen Deutung völlig mißverstehen würden, war ganz eindeutig ein Angriff auf ihren Mann, der ihr nicht länger gehorsam und zu Diensten war. Durch Geständnis und Selbstbezichtigung konnte sie ihn verletzen. Wer ist so einfältig anzunehmen, dies sei ein Fall von majestätischer Überlegenheit der Wahrheit, die sich nach einem Vierteljahrhundert selbst ans Licht bringt? Die Wahrheit ist häufig eine entsetzliche Waffe der Aggression. Mit der Wahrheit kann man lügen und sogar morden.

Mit der durchdringendsten Klarsichtigkeit und vom gleichen Standpunkt aus, den wir für die Individualpsychologie in Anspruch nehmen, hat Nietzsche das Schuldgefühl einmal als reine Böswilligkeit beschrieben. Und in der Mehrzahl neurotischer Fälle ist es eine Tatsache, daß ein Schuldkomplex als Mittel benutzt wird, um seinen Träger auf der unnützlichen Seite des Lebens festzuhalten. Dies kann man häufig im Fall eines Kindes beobachten, das eine Lüge erzählt und darüber einen Komplex bekommt, worauf es die Rolle auffälliger Nutzlosigkeit spielen kann. Jedermann wird durch seine Ehrlichkeit beeindruckt sein, wenn es so sehr darüber bekümmert ist, geflunkert zu haben.

Um zu der indirekten Behandlungsmethode zurückzukehren: Ich empfehle sie besonders bei der Melancholie. Nachdem eine von Wohlwollen und Verständnis getragene Beziehung hergestellt ist, gehe ich so vor, daß ich in zwei Phasen Anregungen zur Änderung der Handlungsweise gebe. In der ersten Phase lautet meine Anregung: „Tun Sie nur, was Ihnen angenehm ist." Für gewöhnlich antwortet der Patient: „Nichts ist angenehm." „Dann bemühen Sie sich zumindest nicht", erwidere ich, „etwas zu tun, was Ihnen unangenehm ist." Der Patient, der in der Regel angehalten worden ist, zur Besserung seines Zustandes verschiedene Dinge zu tun, die ihm nicht liegen, entdeckt in meinem Ratschlag etwas Neues und Erfreuliches und ändert sein Verhalten unter Umständen zum besseren. Später deute ich vorsichtig die zweite Verhaltensregel an und sage, daß „sie viel schwieriger ist, und ich weiß nicht, ob Sie sich daran halten können". Nach diesen Worten schweige ich und schaue den Patienten zweifelnd an. Auf diese Weise rege ich seine Neugier an und vergewissere mich seiner Aufmerksamkeit, um dann fortzufahren: „Wenn Sie sich an diese zweite Regel halten können, wären Sie in vierzehn Tagen geheilt. Sie besteht darin, sich von Zeit zu Zeit zu überlegen, wie Sie einem anderen Menschen Freude bereiten können. Das würde sehr schnell dazu führen, daß Sie schlafen können, und würde all Ihre düsteren Gedanken verscheuchen. Sie würden von sich das Gefühl haben, nützlich und wertvoll zu sein."

Auf meine Anregung erhalte ich die unterschiedlichsten Antworten, doch jeder Patient hält es für zu schwierig, sich entsprechend zu verhalten. Wenn die Antwort lautet: „Wie kann ich anderen Freude bereiten, wenn ich selbst keine habe?", dann versüße ich die Aussicht, indem ich erkläre: „Dann brauchen Sie vier Wochen." Der einleuchtenderen Antwort: „Und wer bereitet *mir* Freude?" begegne ich mit dem wahrscheinlich stärksten Spielzug, das heißt mit den Worten: „Vielleicht hätten Sie sich bei Ihrem Training besser ein wenig nach dem Grundsatz richten sollen: Es kommt nicht darauf an tatsächlich etwas *zu tun*, was irgend jemand gefallen könnte, sondern darauf darüber nachzudenken, wie Sie es tun *könnten*."

Melancholische Menschen, die erwidern: „Oh, das ist ziemlich einfach, denn das habe ich immer schon getan", sind dringend verdächtig, Gefälligkeiten zu erweisen, um auf diese Weise Oberhand über andere zu gewinnen. Ihnen stelle ich die Frage: „Glauben Sie, daß Leute, denen Sie einen Gefallen erwiesen haben, sich wirklich darüber gefreut haben?" Gelegentlich lenke ich ein und gebe zu, daß dies dem Patienten im Augenblick noch zu schwer falle, weil er Praxis und Training brauche; durch diesen Kompromiß lockere ich die Atmosphäre ein wenig auf, indem ich sage: „Behalten Sie alles, was

Sie in der Nacht an Gedanken und Vorstellungen haben, und tun Sie *mir* den Gefallen, mir morgen alles mitzuteilen."

Am nächsten Tag wird ein solcher Patient wahrscheinlich erklären: „Ich habe die ganze Nacht geschlafen", wenn er nach seinen mitternächtlichen Gedanken gefragt wird, und dies, obwohl er viele Tage vorher kein Auge zugemacht hat! Aber der Arzt sollte sich hüten, zu früh zu triumphieren. Er sollte vielmehr eifrig fortfahren, all die nützlichen Fakten zu sammeln und damit den Lebensstil des Patienten zu rekonstruieren.

Bei der Behandlung solcher Fälle habe ich niemals einen Selbstmord erlebt, das Desaster, das so häufig eintritt, und ich glaube, dies hängt mit der Tatsache zusammen, daß diese indirekte Behandlungsmethode die akuten Spannungen verringert. Doch all die Menschen in der Umgebung des Patienten müssen begreifen lernen, daß sie nicht schimpfen, Zwang ausüben oder kritisieren dürfen, sondern dem Patienten dabei behilflich sein müssen, in eine günstigere Situation zu gelangen. Melancholie ist eine Krankheit, bei der die Menschen, die den Patienten umgeben, mehr leiden als er selbst, und es gibt Augenblicke, in denen die Angehörigen die Spannung nicht mehr ertragen können. In solchen Fällen gebe ich den Rat: „Fünf Minuten, ehe Sie das Gefühl haben, den Patienten nicht mehr unter Kontrolle zu haben, vertrauen Sie ihn einem oder zwei Krankenwärtern an." Dies ist nämlich der Zeitpunkt, da mit Selbstmord zu rechnen ist.

Manie ist ebenso wie die Melancholie und die schwereren Neurosen eine Barrikade, die der Patient errichtet, um sich den Zugang zum wirklichen Lebensgeschäft zu verbauen, und sie ist bisweilen das Vorspiel zur Psychose in Form des manisch-depressiven Irreseins. Die erste schreckliche Phase psychischer Störung tritt, wie wir gesehen haben, regelmäßig dann ein, wenn ein dringendes Problem nach Lösung verlangt und der Patient seinen Mut verloren hat. Bei der Manie beobachten wir das Bemühen, diese Feigheit der Seele zu überwinden, und in solchen Fällen treibt der Patient sich voran, übertreibt seine Handlungen und spricht und lacht in unnötiger Erregung. Er ist hochgemut und reizbar, hat große Pläne, fühlt sich weit überlegen und ist stolz auf seine Macht, und er stellt starke sexuelle Neigungen zur Schau. Solche Patienten bedürfen dringend der Beobachtung, denn sie richten unter Umständen Schaden an, doch diese Krankheitsphase ist ein Strohfeuer, das seine Nahrung schnell aufbraucht. Die natürliche und übliche Folge ist eine Phase der Melancholie, in der der Patient auf gar keinen Fall in einer geschlossenen Anstalt untergebracht werden darf, denn dann wird er sich mit ziemlicher Sicherheit jeder Äußerung enthalten. Solche wechselnden Zustände des manisch-depressiven Irreseins zeigen Menschen, die bereits in ihrem früheren Leben leichtere Verhaltensphasen ähnlicher Art zu erkennen gegeben haben. Diese Phasen setzen ein mit einer Erregung, die schnell in eine Depression einmündet. Die Neigung zeigt sich sogar in ihrer Handschrift; der erste Buchstabe eines Wortes wird sehr groß geschrieben, die anderen hingegen werden kleiner und sinken unter die Schriftlinie. Glänzende Anfänge und plötzliche Rückschläge wiederholen sich in ihrer Lebensgeschichte in regelmäßigen Abständen.

Manisch-depressives Irresein, das wie die Zyklothymie im späteren Leben auftritt, kann ein Erscheinungsbild annehmen, das der allgemeinen Paralyse so ähnlich sieht, daß es diagnostische Verwirrung stiften kann. In einem solchen Fall müssen die klinischen Symptome durch eine Untersuchung der Rückenmarksflüssigkeit ergänzt werden. Das ist wichtig, denn es gibt viele Fälle mit nur einem Paralyse-Anfall, während die Zyklothymie natürlich wiederholt auftritt. Ich hatte einmal einen Patienten dieser Art, dessen Manie sehr schnell vorüberging. Ich besuchte ihn in einer Heilanstalt, und da bat er mich, ihn mit nach Hause zu nehmen, weil die Krankenpfleger ihn einige Tage zuvor grob behandelt hätten. Er war auf dem Wege der Besserung, und sein Zustand normalisierte sich von Stunde zu Stunde, so daß ich ihn nach Hause brachte. Als wir uns an einem Tisch niederließen, erklärte er voller Zufriedenheit: ,,Sehen Sie, in meinem Leben ist es immer so gewesen. Ich habe stets bekommen, was ich mir wünschte." Während ich nur an die harten Schläge gedacht hatte, die er hatte einstecken müssen, hatte er an nichts anderes gedacht als daran, wie er der Heilanstalt entrinnen könnte. Genau dies ist der Unterschied zwischen der Objektivität des common sense und der Form ,,privater Intelligenz", welche die Grundlage der Manie bildet.

3. Mangel an Gemeinschaftsgefühl und männlicher Protest

Die Individualpsychologie versteht unter dem Bewußten und dem Unbewußten nicht voneinander getrennte und miteinander in Konflikt liegende Entitäten, sondern komplementäre und kooperierende Teile ein und derselben Realität. Diese Realität ist nicht von physiologischer oder biologischer Natur, und sie entzieht sich auch allen chemischen oder technischen Tests. Die Tatsache, daß beispielsweise Angst das sympathische und das parasympathische Nervensystem beeinflußt, sagt noch nichts aus über die Ursache der Angst. Der Ursprung der Angst liegt im psychischen und nicht im somatischen Bereich. Wir schreiben sie weder den Sexualverdrängungen noch den Kindheitsbedingungen zu, wenngleich wir diesen Faktoren alle Bedeutung zuerkennen, die ihnen gebührt. Was uns am bedeutsamsten erscheint, ist zum Beispiel eine Tatsache wie diese: Daß ein Kind von Angst Gebrauch macht, um sein Überlegenheitsziel zu erreichen, nämlich *Kontrolle* über die Mutter zu gewinnen. Die exakteste physiologische und neurologische Beschreibung von Wut erscheint uns von fast zu vernachlässigendem praktischen Wert verglichen mit unserer tatsächlichen Erfahrung damit, wie Wut benutzt wird, um einen Menschen oder eine Situation zu beherrschen. In dieser Hinsicht wagen wir die Behauptung, daß wir den einzigen Standpunkt eingenommen haben, der erwiesenermaßen ein rein psychologischer ist, und wir glauben, daß die Zurückführung von Gefühlen, Emotionen und Gedanken auf körperliche Bedingungen und vererbte Triebe – ein Vorgehen, das fast allen anderen Psychologien zugrunde liegt – immer zu Übertreibungen und Fehleinschätzungen führt. Es liegt uns völlig fern, in Abrede zu stellen, daß alle seelischen und körperlichen Funktionen notwendigerweise durch Erbmaterial prädisponiert sind, doch was wir in aller psychischen Aktivität erkennen, ist der *Gebrauch*, der von diesem Material *gemacht wird*, um ein bestimmtes Ziel zu erreichen. In all den von mir bisher beschriebenen Fällen waren die Gefühle und Emotionen in der Richtung und in dem Ausmaß entwickelt worden, wie sie für die Erreichung eines bestimmten Zieles erforderlich sind, eines Zieles, das in den genannten Beispielen neurotischer Natur war. Angst, Trauer und jede andere Stimmungsäußerung bewegten sich auf der Linie, die wir mit Hilfe des Lebensstils hätten voraussagen können. Wir haben auch gesehen, daß Träume ihre Rolle dabei spielen, die Gefühle in Einklang mit dem allgemeinen Streben zu bringen; ihre Tätigkeit hat uns eine bemerkenswerte Einsicht in die Werkstatt der Seele vermittelt.

Wenn Traurigkeit einem Menschen zur Erreichung seines Zieles dient, dann ist dieser Mensch natürlich nicht in der Lage, glücklich zu sein, denn er kann nur glücklich sein, wenn es ihm schlecht geht. Doch wir stellen fest, daß Gefühle ganz nach Bedarf auftauchen und wieder verschwinden. Ein Mensch, der unter Agoraphobie leidet, verliert das Angstgefühl, wenn er daheim ist oder wenn ihm erfolgreich gelungen ist, sich einen anderen Menschen untertan zu machen. Das Bestreben des Neurotikers besteht darin, von seiner Erfahrung diese ganze Lebenssphäre auszuschließen, *ausgenommen* jene Bereiche, in denen er das Gefühl hat, ein Eroberer zu sein. Durch die Herstellung bestimmter Stimmungen oder Emotionen entdeckt er, daß er unerwünschte, nicht zu erobernde Reste seiner Welt abwehren und ausschließen kann. Er macht sogar den vergeblichen Versuch, wie ein Strauß seinen Kopf in die Stimmungen zu stecken.

Doch unter allen Stimmungsschwankungen und dem Versuch, sie zu beherrschen, liegt der wahre Charakter, und der ist relativ unveränderbar. Ein Feigling beispielsweise bleibt ein Feigling, auch wenn er gegenüber einem schwächeren Menschen Arroganz zur Schau stellt oder in einer geschützten Position Mut beweist; und seine Angstfreiheit, wenn er von Wachhunden, Gewehren und Polizeibeamten umgeben ist, vermag uns nicht zu täuschen. Sein Charakter ist erkennbar an dem übermäßigen Schutz, den er fordert. Der stolze Mann mag sogar sehr huldvoll und nachgiebig sein, doch wir bemerken, daß er sich mit Unterwürfigen umgibt. Um den wahren Charakter eines Menschen einschätzen zu können, müssen wir stets der Umgebung, die er sich gewählt oder sich gestattet hat, in ihrer vollen Bedeutung berücksichtigen.

Was wir in der Individualpsychologie Gemeinschaftsgefühl nennen, ist die wahre und unumgängliche Kompensation für all die natürlichen Schwächen des Einzelmenschen. Der Mensch ist, auch biologisch betrachtet, ein ausgesprochen soziales Wesen, das vor der Reife einen viel längeren Zeitraum der Abhängigkeit von anderen benötigt als jedes Tier. Und auch die Menschenmutter ist vor, während und nach der Geburt viel länger abhängig. Das hohe Maß an Kooperation und sozialer Kultur, das der Mensch für seine Existenz braucht, erfordert spontanes soziales Bemühen, und der vorrangige Zweck der Erziehung besteht darin, es zu wecken. Gemeinschaftsgefühl ist nicht angeboren, sondern es ist lediglich eine angeborene Möglichkeit, die es bewußt zu entfalten gilt. Wir können uns auf irgendeinen sogenannten sozialen „Instinkt" nicht verlassen, denn seine Äußerung ist abhängig von der Auffassung oder Vorstellung des Kindes über seine Umgebung. Beim Wachstum dieser Gesellschaftsvorstellung bildet die Mutter, wie wir gesehen haben, den entscheidenden Faktor, denn es ist *seine Mutter, mit der jedes Kind seinen ersten Kontakt mit einem vertrauenswürdigen Mitmenschen herstellt.* In den ersten vier oder fünf Lebensjahren schafft sich das Kind sein eigenes Leitbild, indem es seine angeborenen Fähigkeiten seinen frühesten Eindrücken anpaßt, und legt die unaufhebbare Grundlage seines Lebensstils. Dieser entwickelt sich erst später zu dem ausformulierteren Lebensstil und legt die Bedingungen für die Antworten auf die drei Lebensfragen. In der früheren oder frühesten Lebensperiode ist die psychische Gesundheit der Mutter von grundlegender Bedeutung, in der zweiten Periode sind ihre Mentalität und die Breite ihrer Lebensauffassung von besonderer Wichtigkeit.

Die Mutter führt die erste wichtige und spezifisch menschliche Änderung im Verhalten des Kindes herbei. Unter ihrem Einfluß hemmt das Kind zum erstenmal seine Wünsche und organischen Impulse und führt in seinem Streben nach dem, was es sich wünscht, Aufschübe und Umwegmethoden ein. Das Ziel alles Strebens, das darin besteht, die Lebensschwierigkeiten zu meistern und Überlegenheit zu gewinnen, ist ebenfalls ein Anreiz in der Kindheit, die ja mit einem Gefühl fast völliger praktischer Ohnmacht beginnt. Die aufmerksame, wohlwollende Mutter ist für das Kind die Wächterin seines Ziels, ja weitgehend das Ziel selbst in konkreter Gestalt. Doch solch ein Ziel ist nicht dauerhaft möglich, und die Kunst der Mutterschaft liegt darin, dem Kind Freiheit und Möglichkeit zum Erfolg aus eigenen Kräften zu geben, so daß es sich seinen eigenen Lebensstil zulegen und nach Überlegenheit in zunehmend nützlicher Art und Weise suchen kann. Dann muß die Mutter das Kind Schritt für Schritt für andere Menschen und für die weitere Lebensumwelt interessieren. Soweit sie diese beiden Funktionen erfüllen kann – nämlich Unabhängigkeit zu gewähren und ein wahres Anfangsverständnis für die umgebende Situation daheim und in der Welt zu vermitteln –, wird sie erleben, daß ihr Kind Gemeinschaftsgefühl, Unabhängigkeit und Mut entwickelt. Und insoweit wird auch das Kind sein eigenes Ziel finden, das heißt ein Mitmensch und Freund, ein guter Mitarbeiter und ein wahrer Liebespartner zu sein. Mit einer solchen Hinführung zum Leben wird der untilgbare Überlegenheitswille mit Gemeinschaftsgefühl verbunden und führt zu mutigen und optimistischen Aktivitäten auf der nützlichen Seite des Lebens. All die Gefühle eines Menschen werden zeit seines Lebens durch das Maß an Gemeinschaftsgefühl modifiziert, das seinem individuellen Prestigestreben beigemengt ist.

Jede Art von Handlungen auf der unnützlichen Seite des Lebens, wie das Verhalten von Sorgenkindern, Neurotikern, Kriminellen, sexuell Perversen, Prostituierten und Selbstmördern, läßt sich mehr oder weniger genau auf einen Mangel an Gemeinschaftsgefühl mit nachfolgendem Verlust an Vertrauen zurückführen. Denn wir müssen uns klarmachen, daß jede Anpassung, die wir im Leben auf uns nehmen müssen, vom Kindergarten bis zur Welt der Arbeit, von Schulfreundschaften bis zur Ehe, direkt oder indirekt eine soziale Handlung ist. Von unseren frühesten Tagen an stellen wir uns neuen Gedanken und Ereignissen in einer Art und Weise, die vorwiegend sozial oder antisozial ist – sie kann nicht neutral sein. Nehmen wir zum Beispiel an, ein Junge wird durch Krankheit und Tod in seiner Umgebung von panischer Angst ergriffen. Er kann unter Umständen seine Angst dadurch mildern, daß er beschließt, Arzt zu werden und gegen den Tod anzukämpfen. Dies ist offensichtlich ein sozialerer Gedanke als der, Totengräber zu werden, also jemand, der *andere* begräbt – eine Reaktion, die ich bei Jungen in der genannten Situation ebenfalls gefunden habe. Wenn von Anfang an den Aufwärtsstrebungen der Psyche Gemeinschaftsgefühl eingeflößt worden ist, wird dieses mit automatischer Sicherheit in Aktion treten und jeden Gedanken und jede Handlung prägen, und wo dieses eingeschliffene Gemeinschaftsgefühl fehlt, ist das Interesse des betreffenden Menschen zu selbstzentriert, und er hat das Gefühl, daß er ohnmächtig oder ein Niemand ist. Mit diesem Gefühl sind seine anderen Gefühle mehr oder weniger direkt verknüpft: sie bestehen nicht *sui generis*, noch kontrollieren sie die Handlungen, auch wenn sie es häufig gewohnheitsmäßig tun – und natürlich beeinflussen sie von Zeit zu Zeit unsere nachfolgenden Entscheidungen.

Das Gefühl von Ohnmacht oder das „Minderwertigkeitsgefühl" ist das Grundkonzept der Individualpsychologie. Welche Gestalt es auch immer annehmen mag, es kann nur nach angemessener Untersuchung der *Handlungen* des jeweiligen Menschen richtig eingeschätzt werden. Eine genaue Diagnose ist vielleicht im frühen Leben schwieriger zu stellen, denn dann beobachten wir viele Bemühungen, die Instinkte zu umgehen und das Gefühl vor sich selbst zu verbergen, doch der größte Teil dieser frühen Äußerungsformen ist mit der Stärke oder Schwäche der Organe und der Freundlichkeit oder Feindseligkeit der Umwelt verbunden. Doch weder der vererbte Organismus noch die Umwelt ist für dieses Gefühl der Ohnmacht ganz verantwortlich, und es wird auch nicht durch beide gemeinsam hervorgerufen. Das Ausmaß, in dem es gefühlt wird, hängt mit beiden Faktoren *plus* der Reaktion des Kindes zusammen. Die Psyche des Kindes als bewußte Verbindung zwischen seinem Organismus und der Umwelt scheint eine unbegrenzte *Kausal*kraft zu besitzen, so daß sie, ob normal oder abnormal, niemals mit so etwas wie mathematischer Exaktheit reagiert. Das Leben, im Gegensatz zur unbelebten Materie, reagiert immer auf diese Weise, auf eine mehr oder weniger ungenaue – und spontane – Weise.

Aus Gründen der Bequemlichkeit können wir jedoch gewisse typische Variationen dieses Ohnmachtsgefühls entsprechend den typischen Ursachen klassifizieren. So haben wir es mit drei Typen neurotischer Kinder zu tun: mit organgeschädigten, verzärtelten und gehaßten Kindern. Physische Defekte, ob angeboren oder erworben, führen unweigerlich zu Minderwertigkeitsgefühlen, und wir können im allgemeinen eine besondere Anstrengung erkennen, die spezifische Behinderung zu kompensieren. Zum Beispiel, viele, die von Natur aus linkshändig sind, aber darauf trainiert worden sind, nur ihre rechte Hand zu benutzen, verbergen ihr Gefühl manueller Unzulänglichkeit, indem sie sich den Künsten zuwenden. Äußerste Geschicklichkeit und ausgefeilte Fingerfertigkeit wie die eines Musikers oder eines Malers werden zu integralen Faktoren ihres Lebenszieles. Es gibt auch viele Maler und Dichter, deren Berufswahl durch ihr schlechtes Sehvermögen beeinflußt worden ist. Für diese Kompensation sind Milton und Homer aufschlußreiche Beispiele. In der Taubheit von Beethoven und im Stottern von Demosthenes erkennen wir ebenfalls organische Mängel, um die das Streben der Genannten kreist.

Viele Menschen mißbilligten die Aufmerksamkeit, die meine Kollegen und ich auf diesen Kompensationsfaktor im Werk genialer oder hochbegabter Künstler gelenkt haben, und sie versuchen zu bestreiten, was unsere Erfahrungen fortwährend bestätigen. Doch für ihre Ablehnung ist ein Mißverständnis der Befunde der Individualpsychologie verantwortlich. Wir sind nicht so dumm anzunehmen, daß organische Unvollkommenheit die auslösende Ursache des Genies ist. Viele Freudianer haben in der Tat angenommen, daß die sublimsten Werke des menschlichen Geistes unmittelbar aus Sexualverdrängungen hervorgegangen sind, doch wir treffen nicht derartig exzentrische Verallgemeinerungen. Nach unserer Auffassung ist ein Mensch von Genie in erster Linie ein Mensch von höchster Nützlichkeit. Wenn er Künstler ist, erweist er sich als nützlich für die Kultur, denn durch sein Werk gibt er dem Freizeitleben vieler tausender Menschen besonderen Glanz und Wert. Und dieser Wert, sofern er echt und nicht bloß leerer Schein ist, hängt ab von einem hohen Maß an Mut und gemeinschaftlicher Intuition. Der *Ursprung* des Genius liegt weder im ererbten Organismus noch in Umwelteinflüssen, sondern in jener dritten Sphäre individueller Reaktion, auf die ich bereits hingewiesen habe, einer Sphäre, in der die Möglichkeit gesellschaftlich bejahender Handlungen beschlossen liegt. In der Wahl seiner speziellen *Ausdrucksform* ist jedoch auch die größte Begabung durch den Organismus bestimmt, mit dem sie ausgestattet ist und aus dessen schwerwiegendsten *Defekt* sie ihre besondere Konzentrationsweise bezieht.

Das Wissen um diesen Grundsatz, das man nur durch umfangreiche Beobachtungen gewinnt, ist bei der Behandlung organisch beeinträchtigter Kinder von unschätzbarem Wert, denn es kann uns dabei helfen, die Kinder vor vielen Gefahren der Überkompensation zu bewahren.

Das verzärtelte Kind, in einer Position befindlich, in der es zuviel von anderen erhält, beweist sich niemals seine eigene Kraft. Sein Ziel, das es sich in Übereinstimmung mit seiner Erfahrung gesetzt hat, besteht darin, im Mittelpunkt der Familie zu stehen, im Brennpunkt der Aufmerksamkeit und Fürsorge. Die gewöhnlichen Symptome sind: Wut, Unzufriedenheit, Unordentlichkeit, Angst, Bettnässen, angestrengtes Bemühen, Isolierung zu vermeiden, und Weigerung, zur Schule zu gehen. Die Behandlung ergibt sich von selbst, doch wir haben häufig ein ziemlich ungewöhnlich intensives Unsicherheitsgefühl in Rechnung zu stellen.

Das abgelehnte, gehaßte Kind befindet sich in der schlimmen Position, niemals von irgend jemandem verwöhnt worden zu sein. Sein Ziel ist es, zu fliehen und eine sichere Distanz zu anderen zu gewinnen. Grausamkeit, Verschlagenheit und Feigheit sind einige der Symptome. Ein solches Kind ist häufig nicht in der Lage, einem anderen in die Augen zu schauen, es kann nicht sprechen und verbirgt aus Angst vor Erniedrigung seine Gefühle. Sein beständiges Bemühen, Fehler zu entdecken, kann sich in einigen Fällen durchaus in Richtung nützlicher Kritik entfalten.

Kein Mensch entwickelt sich in Freiheit. Jeder ist in psychischer, emotionaler und zuwendungsmäßiger Hinsicht abhängig von seiner unmittelbaren Umgebung auf Erden und im Kosmos, allerdings auch so weit unabhängig, daß er diese Beziehungen bewußt aufnehmen und sie als die Lebensfragen beantworten muß. Alles, was der Mensch tut, ist eine Antwort, und ohne Zweifel gibt er immer die beste, die er geben kann. Wir sind nicht mit Allwissenheit gesegnet, und unsere größte realistische Hoffnung ist, daß wir keine Antwort geben, die einen großen Fehler enthält, so daß wir gut daran tun, alle Ansichten zu prüfen, einschließlich die der Individualpsychologie, und sorgsam Beweise und Gegenbeweise zu sammeln. Unsere beste Wissenschaft muß mit common sense gehandhabt werden.

Auch gehaßte Kinder nehmen das Leben so, wie es sich ihnen bietet, reagieren sich ihm gegenüber mit den besten Handlungen, zu denen sie fähig sind, und *fixieren* allmählich diese Reaktionen, bis sie mechanische Lebensmuster geworden sind. Den drei Lebensaufgaben, in welcher Reihenfolge sie sich ihnen auch stellen mögen, begegnen sie mit diesem fixierten Verhaltens*muster*, wie sehr auch im Laufe der Zeit durch Erfahrung verfeinert werden mag. Die ungewöhnliche Spannung in ihrem Leben veranlaßt diese Kinder, mehr als das Durchschnittskind nach einem höheren Ziel von Sicherheit und Überlegenheit zu streben. All ihre Eindrücke, Wahrnehmungen und Einstellungen sind bedingt durch ihre Voreingenommenheit, und so ist das, was sie vom Leben lernen, selten ein neuer Aspekt, sondern dient lediglich dazu, die alte Sichtweise mit mehr Einzelheiten auszustatten.

Bei diesen drei Typen von Kindern beobachten wir die drei typischen Ausprägungen des Minderwertigkeitsgefühls. Alle drei schwächen den sozialen Kontakt und laufen im allgemeinen darauf hinaus, den betroffenen Menschen in einer immer eingeschränkteren Interessensphäre zu isolieren. Unsoziale Menschen zeigen zuweilen ein überaus täuschendes äußeres Erscheinungsbild. Ich wurde einmal zu einer mir bekannten alten Dame gerufen; sie stand in dem Ruf der Wohltätigkeit. Sie weinte, als ich sie aufsuchte, und vor ihr stand ein alter Mann, der ebenfalls Tränen in den Augen hatte. „Was ist geschehen?" fragte ich. „Schauen Sie sich diesen alten Mann an", schluchzte sie, „er hat fünf hungernde Kinder, und nun soll er dieses Haus verlassen, wenn er nicht die zehn Mark bezahlen kann, die er schuldig geblieben ist. Und ich habe nur fünf Mark, die ich ihm geben kann!" „Weinen Sie nicht", erwiderte ich, „lassen Sie mich Ihre großzügige Gabe um die kleine Gabe von fünf Mark aufstocken." Sie dankte mir überschwenglich und erklärte, sie habe immer gewußt, daß ich ein guter Mensch sei. Mir war aber bekannt, daß die alte Dame nicht nur sehr reich war, sondern auch keinerlei wirkliche soziale Interessen hatte. Sie verkehrte nur mit ihren eigenen Verwandten, und auch dies auf sehr herrische und bestimmende Weise. Ihre wohltätige Tat stand nicht im Widerspruch zu ihrem Charakter: ihr Mitleid und ihre Trauer wegen des alten Mannes gaben ihr jene Art von Überlegenheitsgefühl, für das sie lebte. Es hat keinen Sinn, eine einzelne Gefühlsdemonstration unabhängig vom gesamten Lebensstil zu beurteilen. Wenn es um psychologisches Verständnis geht, müssen wir das Ziel erkennen, dem all die Gefühle dienen.

Ein Junge mit zwanghaften Schuldgefühlen

Ich habe bereits darauf aufmerksam gemacht, welche Rolle *Schuldgefühle* beim Aufbau einer neurotischen oder eingebildeten Überlegenheit spielen. Eines der deutlichsten Beispiele in meiner bisherigen Erfahrung war der Fall eines Jungen, der das zweite Kind in der Familie war und dessen Vater und älterer Bruder beide für ihren aufrichtigen, ehrlichen Charakter bekannt waren. Wie üblich bei zweiten Kindern konzentrierte sich das Bestreben des Jungen weitgehend auf den Versuch, den älteren Bruder zu überholen. Im Alter von sieben Jahren log er seinen Lehrer an und behauptete, eine Arbeit, bei der sein Bruder ihm geholfen hatte, sei ausschließlich von ihm erstellt worden. Das löste in ihm ein Schuldgefühl aus, das er drei Jahre verheimlichte, und dann ging er zu dem Lehrer und beichtete ihm seine Lüge. Der Lehrer lehnte es ab, die Angelegenheit ernst zu nehmen, sondern lachte ihn nur aus, so daß der Junge sich trollte und sich mit starker Erregung und Trauer seinem Vater offenbarte. Der Vater zeigte sich durch diese, wie er meinte, tiefe Wahrheitsliebe beeindruckt und tröstete und lobte seinen Sohn. Doch trotz der väterlichen Absolution wollte die Depression des Jungen nicht weichen. Unter einem neurotischen Zwang glaubte er weiterhin, ein Lügner zu sein. Die hohe moralische Einstellung der Familie und das Gefühl des Jungen, er sei schlechter als sein Bruder, hatten sich verbunden und den Jungen veranlaßt, nach glänzender Leistung in der höchsten Familientugend zu streben. Er hatte sich insgeheim dem Ziel verschworen, auch durch lebenslange Sühne für ein belangloses Vergehen zu beweisen, daß er untadeliger als irgend jemand sonst sei.

Die Neurose des Jungen entwickelte sich weiter. Er machte sich andere Selbstvorwürfe, etwa wegen Unehrlichkeit bei der Arbeit und, wie gewöhnlich, wegen Masturbation. Diese Vorwürfe wurden vor einer Prüfung jedesmal höchst bedrükkend. Indem er auf diese Weise Schwierigkeiten anhäufte, fühlte er sich entschuldigt dafür, daß er seinen Bruder nicht überholte. Nach der Universität wollte er einen technischen Lehrgang absolvieren, doch zu dieser Zeit hatte sich seine Zwangsneurose so verstärkt, daß er den größten Teil des Tages damit verbrachte, Gott um Vergebung seiner Sünden zu bitten, und das hinderte ihn natürlich an der Arbeit. Er wurde in eine Heilanstalt eingeliefert, wo sie ihn für unheilbar einstuften, doch sein Zustand besserte sich und er konnte die Anstalt verlassen; aber er bat darum, wieder eingewiesen zu werden, sollte er einen Rückfall erleiden. An diesem Punkt schlug er eine andere berufliche Ausbildung ein und begann Kunstgeschichte zu studieren. Bevor er jedoch in diesem Fach eine Prüfung ablegen konnte, machte er sich dies durch ein außergewöhnliches Verhalten zunichte und verbaute sich jede Möglichkeit. An einem bestimmten Festtag ging er zur Kirche, die an diesem Tage überfüllt war, warf sich vor aller Augen zu Boden und schrie laut, er sei der größte Sünder.

In dieser verblüffenden Erlangung einer zentralen Position inmitten einer großen öffentlichen Ansammlung von Menschen können wir einen Ehrgeiz der gleichen Art entdecken, der ihn in der Kindheit angetrieben hatte. Der größte Büßer unter all den Gläubigen in einer Kirche zu sein stellt die gleiche Auszeichnung dar wie der Umstand, in einer Familie von höchster Ehrlichkeit das feinste Gespür für eine Lüge zu haben. Es bedeutet, besser zu sein als der beste. Er stellte sich erneut zur Schau, nachdem er in die Anstalt zurückgekehrt war, indem er eines Tages völlig nackt zum Essen erschien. Er war ein wohlgebauter Mann und stand der übrigen Familie in nichts nach, was das körperliche Erscheinungsbild anging.

Die Flucht des Patienten vor Arbeit und Prüfungen hing mit seiner Angst zusammen, er könne in solchen normalen Situationen nicht so glänzen. Die Schuldgefühle, die noch besonders verstärkt wurden, wenn es erforderlich war, müssen als absichtliches Vermeiden von Tätigkeiten angesehen werden, bei denen er sich keinen Erfolg zutraute. Er hatte auch die Neigung, den billigen Erfolg trauriger Berühmtheit einzuheimsen, eine Neigung, die keineswegs seinem allgemeinen Ziel widersprach, und genau sie veranlaßte ihn, nackt zum Essen zu erscheinen, und trieb ihn zu anderen exzentrischen Verhaltensweisen.

Die Aufgabe des Arztes besteht darin, einen solchen Patienten in den Stand zu setzen, sich klarzumachen, was er tut, und sein egozentrisches Interesse dem Sozialleben und nützlicher Tätigkeit zuzuwenden. Dies ist eine Kunst, in der der Individualpsychologe sich durch Praxis und Zusammenarbeit üben muß, denn Wissenschaft und Kenntnis der Grundsätze allein werden ihn niemals befähigen, das dazu erforderliche Vertrauen zu gewinnen. In dem soeben geschilderten Fall beispielsweise mußte ich in der ersten halben Stunde der Begegnung mit dem Patienten genau die Art von Überlegenheit erkennen, auf die dieser Lebensstil angelegt war. Wenn es mir nicht gelungen wäre, hätte ich sicherlich sofortigen Widerstand hervorgerufen. Schritt für Schritt mußte ich seine zutreffende Darstellung der Schwierigkeiten in seiner Kindheit einführen, um ihn dahin zu bringen, mit mehr oder weniger Widerstreben seine tiefsitzenden Gefühle von Wertlosigkeit im Vergleich zu seinem Bruder zu offenbaren. Dann fiel es ihm leichter, sich selbst einzugestehen, daß er seinen Vater mit seiner Ehrlichkeit beeindrucken wollte und daß er sich in den Mittelpunkt des Interesses manövriert hatte.

Da die Methode der Individualpsychologie das Eingeständnis und die Korrektur von Fehlern erfordert, die dem Patienten noch lieb und teuer sind, ist sie auf die äußerste Kunstfertigkeit und Geschicklichkeit des Praktikers angewiesen. Es liegt uns fern zu bestreiten, daß andere psychotherapeutische Schulen bei der Behandlung von Neurosen Erfolg haben, doch nach unserer Erfahrung liegt dies weniger an ihren Methoden als vielmehr daran, daß es ihnen gelingt, dem Patienten eine gute menschliche Beziehung zu dem Arzt zu vermitteln oder ihm vor allem Ermutigung zu geben. Es ist eine Tatsache, daß ein Quacksalber oder ein Knochendoktor zuweilen die Lebenseinstellung eines Menschen in einem erheblichen Ausmaß verbessern kann; das kann natürlich auch durch die Heilige Anna de Beaupré, durch einen Szientisten, durch einen Coué oder durch einen Besuch in Lourdes geschehen. Doch wir sind weiterhin überzeugt, daß die Heilung aller psychischen Störungen in dem einfacheren, wenn auch mühsameren Prozeß besteht, dem Patienten ein Verständnis für seine eigenen Fehler zu verschaffen.

Wie wir bereits gesehen haben, läßt sich der Lebensstil der meisten unserer Patienten auf drei typische Positionen von Minderwertigkeit in der Kindheit zurückverfolgen. Es gibt gewisse Anpassungsfehler, welche die Bildung eines normalen Lebensstils verhindern und die zu einer Zeit sichtbar werden, noch ehe das Kind sich seinen ersten sozialen Problemen außerhalb der Familie gegenübersieht. Einer dieser Kindheitsfehler ist die Weigerung, die Geschlechtsrolle zu akzeptieren, und dann wächst ein Junge wie ein Mädchen auf und umgekehrt.

Solche Irrtümer sind sehr verbreitet, und tatsächlich zeigt fast jeder leichte Neigungen solcher Art. Vielleicht hat jeder Mann etwas an seinem Körper oder in seinem Verhalten, von dem wir das Gefühl haben, es sei feminin, und Frauen haben häufig einen sehr maskulinen Körperbau, ohne deswegen in jedem Fall auch eine entsprechende geistige Männlichkeit zu zeigen. Häufiger jedoch liegt die falsche Sexualität im Geist und nicht im Körper.

Sicher, die Geschlechtsdrüsen haben einen weitgehenden Einfluß auf den Körper. Doch sie besitzen nur eine sehr eingeschränkte Fähigkeit, die Überlegenheitsvorstellung des Menschen zu bestimmen. Dieses individuelle Herrschaftsziel ist in erster Linie für die Verwirrung eines Menschen hinsichtlich seiner wahren Sexualfunktion verantwortlich. Wenn wir es mit den psychischen Symptomen von Homosexualität zu tun haben, sollten wir an diesen Umstand denken und nicht so sehr den Drüsen die Schuld geben. Wahrscheinlich ist es gleichermaßen zutreffend, daß die psychischen Bestrebungen und Regungen die Drüsen beeinflussen, allerdings wohl nur auf lange Sicht. Wir müssen zunächst einmal herausfinden, wie der Patient seine Vorstellungen von Sexualität mit seinem Ziel in Beziehung setzt.

Eine junge Frau, die immer ein Junge sein wollte

Aufgrund der Privilegien, realer wie eingebildeter, mit denen unsere heutige Kultur den Mann ausstattet, ist das Überlegenheitsziel stets mehr oder weniger mit der männlichen Rolle identisch. Das Minderwertigkeitsgefühl eines Mädchens kann sich unter Umständen auffallend verstärken, wenn ihm aufgeht, daß es eine Frau ist, und das eines Jungen ebenfalls, wenn er seine Männlichkeit in Zweifel zieht. Beide kompensieren dies Gefühl durch Übertreibung dessen, was sie sich als männliches Verhalten vorstellen. Diese Form der Kompensation, die je nach den Umständen höchst komplizierte und unterschiedliche Folgen nach sich ziehen kann, habe ich als *männlichen Protest* bezeichnet. Sein Hauptsymptom gleichermaßen in der Psyche wie im äußeren Verhalten ist eine unnötig dominierende Attitüde gegenüber dem anderen Geschlecht. Sie ist stets merklich verknüpft mit einem sehr ehrgeizigen Lebensstil, mit dem Ziel, ein Supermann oder eine Prinzessin auf der Erbse zu sein. Das Verhalten ist überspannt, was in günstigen Situationen verdeckt sein mag, aber in Zeiten von Niederlagen klar zu Tage tritt. Der männliche Protest deutet sich bis zu einem gewissen Grade in den von mir zitierten Fällen an, doch ich möchte dem Leser ein noch typischeres Beispiel schildern.

Eine neurotische Frau im Alter von siebenundzwanzig Jahren, die mich konsultierte, hatte ihre Mutter im Alter von sechs Jahren verloren und danach, bis zum dreizehnten Lebensjahr, mit einem nachgiebigen Vater zusammengelebt. Ihre früheste Erinnerung war: „Ich haßte es, mit Puppen zu spielen." Dies war ein Zeichen für ihre Weigerung, sich auf normale Art und Weise zu entwickeln. Sie zog es vor, sich mit Spielzeugeisenbahnen zu beschäftigen. Sie wollte immer ein wildes Benehmen an den Tag legen und spielte, wie ein typischer Wildfang, nur mit Jungen. Falls sie doch mit Mädchen spielte, zog sie sie an den Haaren oder malträtierte sie auf andere Weise. Auf meine Frage, was sie über Männer und Frauen dächte, antwortete sie: „Frauen schmieden immer Ränke, Männer sind geradeheraus." Dies ist ein noch deutlicheres Zeichen für den Willen zu einer maskulinen Entwicklung.

Nebenbei bemerkt, ich würde niemals einem Mädchen verbieten, mit Eisenbahnen zu spielen, auf Bäume zu klettern oder sich am Spiel von Jungen zu beteiligen, doch ich bin fest überzeugt, daß man sich im späteren Leben von Kindern viel Ärger ersparen könnte, wenn sie von Anfang im Wissen um und in Vorbereitung auf ihre richtige Geschlechtsrolle aufgezogen würden. Dies ist natürlich unmöglich, wenn die Atmosphäre erfüllt ist von Vorstellungen über weibliche Unfähigkeiten und männliche Vorzüge, wie wir es häufig erleben.

Alle jene, die Frauen wegen ihres Geschlechts gering schätzen, verdienen es, dafür bestraft zu werden, weil sie eine Attitüde entwickeln, die in Widerspruch zur Wahrheit und zur Realität steht.

Als ich meine Patientin aufforderte, mir über ihre Gefühle gegenüber Männern und Frauen zu erzählen, meinte sie, im Alter von dreizehn Jahren habe sie gelacht, wenn sie gehört habe, Menschen hätten sich ineinander verliebt. Bis zu ihrem zwanzigsten Lebensjahr hatte sie von Liebe keine Ahnung. Dies, und dazu die Tatsache, daß sie eine hervorragende Sportlerin war, bestätigte, daß sie vor ihrer Geschlechtsrolle wie ein Strauß den Kopf in den Sand steckte; sie wollte Liebe als etwas Lächerliches hinstellen und durch glänzende sportliche Leistungen ihre Weiblichkeit verleugnen. Ich erwartete bei ihr Schwierigkeiten mit der Menstruation, wie häufig bei Mädchen, die einen Widerwillen gegen ihre weibliche Natur hegen, Schwierigkeiten, die sich in großen Schmerzen und in Neigungen zur Gereiztheit äußern – doch bei meiner Patientin war dies nicht der Fall. Als ihr Vater wieder heiratete, als sie dreizehn Jahre alt war, hätte man erwarten können, daß sie Zeichen von Ärger und Wut zeigte, doch sie tat es nicht. Sie fand es verächtlich, etwas so Weibliches zu tun, und erklärte, sie sei froh gewesen, daß ihr Vater eine neue Ehe einging, denn so hätte sie frei sein können. Doch von jenem Zeitpunkt an hatte sie Streit mit ihrem Vater; sie suchte daheim die Auseinandersetzung und erklärte, sie wolle das Haus verlassen und Sozialarbeiterin werden. Sie wollte ihren Vater durch finanzielle Unabhängigkeit niederringen. Hinter ihrem Wunsch, Sozialarbeiterin zu werden, stand der Gedanke, über Kinder zu herrschen.

Der von Patienten so oft geäußerte Wunsch, von ihren Familien kein Geld anzunehmen, ist uns natürlich geläufig. Wenn ein Patient mir erklärt, er wolle von seiner Familie kein Geld mehr nehmen, sage ich oft: „Besser, Sie nehmen es. Es wird für Sie am Ende billiger sein."

Unsere Patientin hatte viele Freunde, doch sie hatte sich niemals verliebt. Es ist bei Jungen und Mädchen üblich, sich im Alter von zwölf oder dreizehn zu verlieben, und es ist auch nicht ungewöhnlich, wenn dies im Alter von fünf oder sechs geschieht. Ein Mensch, der im Alter von dreiundzwanzig Jahren noch kein solches Erlebnis gehabt hat, ist auf die Liebe nicht vorbereitet. Liebe ist eine notwendige Lebensaufgabe, die eine frühe Vorbereitung erfordert, und Training für die Liebe ist ein integraler Bestandteil der Erziehung zum Leben. Sowohl normale Liebe wie auch alle ihre Perversionen wie Homosexualität sind eine Sache des Trainings und der Erziehung.

Im Alter von dreiundzwanzig Jahren hatte unsere junge Frau ein Gefühl, das sie für Liebe hielt; sie mochte einen Mann mehr, als sie jemals zuvor irgend jemanden gemocht hatte, und diese Affäre führte zum Sexualverkehr. Die freie Sexualbeziehung gehörte zu ihrem Bestreben, unabhängig zu sein, und darin äußerte sich ihre Opposition zum Vater und ihre Entschlossenheit, männlich zu sein. Die Gefühle des Mannes änderten sich, und er verschwand für einige Zeit. Unfähig, diese Niederlage zu verkraften, versuchte die junge Frau ihm zu folgen, mit dem Ergebnis, das man innerhalb unserer Kultur erwarten kann, einer Kultur, die den Männern den Gedanken nahelegt, es sei *unter ihrer Würde*, umworben zu werden, und die ihnen die Furcht einimpft, es könne ihnen zu leicht gemacht werden. Die Gefühle des Mannes kühlten immer mehr ab, und zuguterletzt sah sie ihn mit einer anderen Frau und machte ihm deswegen Vorhaltungen. Während dieses Streits erklärte ihr der Mann, sie sei eine ganz gewöhnliche Frau. Anschließend verschwand er völlig aus ihrem Gesichtskreis und heiratete die andere Frau.

Für einige Zeit nach diesem Vorfall unterhielt unsere Patientin zu Männern nur auf dem Gebiet des Sports, und sie geriet jedesmal in Angst, wenn man ihr andere Avancen machte; als ein Freund sie zu küssen versuchte, lief sie davon. Späterhin wurde sie die Geliebte eines anderen Mannes, doch sie fühlte sich dabei nicht glücklich, lag ständig im Streit mit ihm und lehnte es ab, ihn zu heiraten. Der Mann unternahm eine Reise nach Afrika, weil er glaubte, es sei besser, wenn er sich eine Zeitlang von ihr trennte, doch ihre unglücklichen Gefühle dauerten an und waren nun auch durchdrungen von Erinnerungen an ihren ersten Geliebten. In ihren Streitereien, wie auch in ihren erneuten Gedanken an den verheirateten und daher für sie unerreichbaren Geliebten, erkennen wir ihre Entschuldigung dafür, daß sie nicht heiratete. Ein typisches

Symptom bei ihr war, daß Sexualbeziehungen sie nicht befriedigten. Das heißt, sie war auf die Ehe nicht vorbereitet.

Für diese junge Frau war der Gedanke, eine Frau zu sein, gleichbedeutend mit Niederlage. So konnte sie es nicht ertragen, sich wie eine Frau zu verhalten und sich über die Aussicht zu heiraten Gedanken zu machen; es war für sie leichter, weiterhin so zu tun, als sei sie ein Mann, indem sie an ihren sportlichen Aktivitäten festhielt. Auf der anderen Seite hatte sie das Gefühl, die Ehe sei eine natürliche und logische soziale Forderung. In dieser Konfliktsituation wurde sie durch zwei schwere Niederlagen weiter entmutigt: zuerst durch ihren Vater, als er aufhörte, sie zu verwöhnen, und wieder heiratete, und zweitens dadurch, daß ihr erster Liebhaber sie verließ. Um sich vor einer weiteren Niederlage zu schützen, wies sie Liebe und Ehe so weit wie möglich von sich, und um ihr Zögern vor diesem Problem rechtfertigen und aufrechterhalten zu können, redete sie sich ein, ein Mädchen könne sich unmöglich die Liebe eines Mannes bewahren. Die Grundschwierigkeit in diesem Fall, wie übrigens auch in vielen anderen, liegt in der Vorstellung, die weibliche Aufgabe sei entschieden von zweitrangiger Bedeutung und zähle daher in Wirklichkeit nicht. Dies ist einer der Hauptgründe für unglückliche Gefühle in Liebe und Ehe. Der männliche Protest beruht auf einer Illusion.

4. Liebes- und Eheprobleme

Gegen Ende aller meiner Vorlesungen muß ich stets auf Fragen über Liebe und Ehe eingehen, und meine Fragesteller erwecken häufig den Anschein, als seien sie durch psychologische Lektüre zu dem Glauben verführt worden, der Sexualimpuls sei der zentrale Beweggrund, dem alle anderen Aktivitäten zugeordnet seien. Mir ist niemals der Grund aufgegangen, warum man auf eine einzige Lebensfunktion einen derart unnatürlichen Nachdruck legen soll. Ich räume natürlich ihre starke, aber dennoch sehr wechselnde Bedeutung ein. Doch das Aufspüren verschobener Sexualelemente in einer Vielzahl von Lebensäußerungen ist praktisch wenig sinnvoll, selbst wenn es möglich wäre, denn nach unserer Erfahrung können die Sexualkomponenten nicht einmal richtig eingeschätzt werden, es sei denn in ihrer Beziehung zum individuellen Lebensstil.

Die Phasen der sexuellen Entwicklung sind Funktionen dieses individuellen Lebensstils, und wir können Einsichten in das Liebesleben mit all seiner Launenhaftigkeit, seinem Zögern und seinen schwer bestimmbaren Feinheiten nur dann gewinnen, wenn wir den Prototyp im Lebensstil des Menschen erfassen können. Mit Prototyp meine ich die ursprüngliche Form der Lebensanpassung eines Menschen. Der seelische Prototyp ist um die Zeit, wenn das Kind vier Jahre alt ist, bereits etwas Abgeschlossenes. Es ist der Säugling im Mann oder in der Frau, der von da an nicht mehr weiter wächst, aber dennoch das ganze Leben bis zu seinem Ende bestimmt. Es ist kein Wunder, daß gewisse Religionen ein Kind verehrt haben, denn dieses prototypische Wesen ist die größte Macht im menschlichen Leben. Der Prototyp ist ein konstanter Faktor, auch wenn wir seine späteren Äußerungen bis zu einem nicht genau bestimmbaren Maße zum Besseren ändern können, sobald wir ihn erst einmal erkannt und verstanden haben.

Der Prototyp in jedem Menschen ist der Eros-Knabe, der sein

Verhalten als Liebender lenkt. Wenn der Prototyp gesellig ist, interessiert an anderen Menschen, wird die Persönlichkeit, zu der er sich entwickelt, alle Liebesprobleme in Loyalität zum Partner und in Verantwortung für die Gesellschaft lösen. Ist der Prototyp hingegen bemüht, Aufmerksamkeit auf sich zu ziehen und andere Menschen zu unterdrücken, werden zu seinen späteren Äußerungen ein Gebrauch von Sexualität gehören, der den gleichen Zwecken dient: Die betreffende Person wird Sexualbeziehungen nur aufnehmen, um zu bestimmen und zu beherrschen. Ein Prototyp, der darauf aus ist, in einem begrenzten Aktivitätsbereich, das heißt in einem Bereich, der das andere Geschlecht ausschließt, Überlegenheit zu erlangen, wird später zum Entstehen von Homosexualität und anderen Perversionen beitragen oder ihr Auftreten begünstigen. Die Hauptumrisse des erotischen Lebens sind mithin genau vorgeprägt.

Folglich können wir mit Hilfe des Ziels, vor allem in seiner besonders prototypischen Form, die verschiedenen Sexualimpulse interpretieren, wohingegen das Umgekehrte keinerlei Sinn ergibt. Das Studium von Instinkten oder Trieben wird uns niemals befähigen, die Struktur einer individuellen Psyche zu verstehen, und es ist interessant zu bemerken, daß Psychologen, die aufgrund solcher Beobachtungen die Arbeitsweise der Seele zu erklären versuchen, instinktiv einen Lebensstil voraussetzen, ohne sich klar zu machen, daß sie dies tun.

Liebe und Ehe sind aus der Sicht der Individualpsychologie normale Antworten auf die sexuelle Frage – auf eine der drei entscheidenden Lebensfragen –, und es ist unsere Aufgabe, die besonderen Schwierigkeiten zu verstehen, die sie den Menschen bereiten. Mut, eine optimistische Einstellung, common sense und das Gefühl, auf der Erde daheim zu sein, ermöglichen es dem Menschen, Vor- und Nachteile mit gleichbleibender innerer Festigkeit hinzunehmen. Sein Überlegenheitsziel ist identisch mit dem Gedanken, der menschlichen Gattung zu dienen und ihre Schwierigkeiten mit seiner kreativen Kraft zu überwinden. Abweichungen von der Norm sexueller Ausdrucksweisen werden von ihm instinktiv als unattraktiv abgelehnt. Sein nützliches Ziel arrangiert all seine Gefühle und Handlungen dergestalt, daß er auf die Liebe in geeigneter Weise zugeht; während seiner Jugend bereiten ihn Liebesaffären und Erlebnisse seiner Freunde auf die Liebe vor und stärken seine Position. Die Literatur über unglückliche Liebesgeschichten und gescheiterte Ehen (eine bekannte Quelle von Unheil) kann ihn nicht in die Irre führen, und selbst wenn er mit einem unpassenden Ehepartner unangenehme Erfahrungen macht, wird er sich dadurch nicht von seinem Lebensweg abbringen lassen. Seine Ideale von Sozialleben, Arbeit und Schönheit werden gewöhnliche Niederlagen überdauern, und sein Schönheitssinn wird sich auf die Schönheit der Lebensanpassung verlegen.

Ganz anders gestaltet sich das Schicksal jener Menschen, deren Sozialkontakt zu wünschen läßt, die wirkliches Interesse am Leben anderer verloren haben. Sie nähern sich der Liebe ohne die richtige Vorbereitung – denn jedes Liebesproblem ist ein soziales Problem in dem Sinne, daß es eine Frage des Verhaltens gegenüber einem anderen, sexuell anziehenden Menschen ist –; und ihre Seelen haben, unvorbereitet, wie sie sind, das Gefühl, die Schwierigkeiten seien unüberwindbar, sobald es erst zur Ehe kommt, zur intimsten und intensivsten aller Sozialsituationen. Ein solcher Mensch hat sich zu einem isolierten Leben erzogen und wünscht sein Leben überhaupt nicht mit anderen zu teilen, und so neigt er denn dazu, seinen Partner von allen Tätigkeiten auszuschließen, mit Ausnahme einiger weniger, bei denen Partnerschaft als notwendig oder vorteilhaft erscheint. Er versteht Ehe nicht als vollständige menschliche Gemeinschaft. Seine Schwierigkeiten werden häufig noch dadurch verstärkt, daß er über Liebe und Ehe von seinen Eltern gelernt hat, die selbst nicht glücklich verbunden waren, und er sucht Bestätigung für das Gelernte in seiner Umgebung und in der Literatur. In Populärromanen werden Ehesituationen gewöhnlich als unglücklich geschildert, und aufgrund des Gebrauchs, den Leser von solcher Literatur machen, sind unglückliche Liebesgeschichten wahrscheinlich in der Überzahl.

Eines der Haupthindernisse für die Ehe liegt in der vorherrschenden Auffassung, daß der Mann funktional überlegen ist, und das verleitet Männer zu falschen Erwartungen hinsichtlich ihrer Herrschaft und läßt Mädchen gegen ihre feminine Funktion rebellieren; sie lehnen natürlich eine Sklavinnenrolle in einer „von Männern geschaffenen Welt" ab. Viel Argwohn, Eifersucht und Streit entspringen unmittelbar diesem

Antagonismus, denn wenn ein Mensch sich durch Liebe und Ehe zum Opfer gemacht fühlt, wird jede Lebensgemeinschaft beeinträchtigt und gestört. Wenn beispielsweise ein Mädchen das Gefühl hat, die feminine Position sei schlechter oder niedriger als die maskuline, wird es in dem Bemühen, Überlegenheit zu beweisen, in irgendeine Form von Wettstreit mit dem Mann eintreten. Wenn Mann oder Frau, um zu herrschen, nach einem schwächeren Partner Ausschau halten, stellt sich mit Sicherheit Enttäuschung ein, denn damit sind sie darauf eingestellt, etwas zu bekommen, und es scheint ein unwandelbares Gesetz von Liebe und Ehe zu sein, daß sie nur gelingen können, wo eine Einstellung des Gebens herrscht. Wenn die Einstellumg eines Menschen gegenüber Liebe und Ehe zögernd, schwankend und von Erwartung geprägt ist, deutet das auf eine allgemeine schlechte Vorbereitung auf das Sozialleben hin, und wir können mit ziemlicher Sicherheit in einem solchen Falle die Neigung vermuten, einen großen Teil der Lebensmöglichkeiten auszuschließen. In solchen Fällen wird der betreffende Mensch seine Handlungen stets zu rechtfertigen suchen, doch seine wahre Absicht enthüllt sich in dem Ergebnis, das darin besteht, daß Liebe und Ehe auf unbestimmte Zeit hinausgezögert werden. Bei diesem Ziel der Ausflucht oder des Ausschlusses sind die gewählten Mittel von Interesse: Sie umfassen all die neurotischen Symptome, die mehr oder weniger mit den Sexualfunktionen in Verbindung stehen. Der betreffende Mensch ist im Sexualbereich wie ein Stotterer. Ejaculatio praecox, Mangel an Sexualinteresse und -befriedigung, Vaginismus und Frigidität, das alles sind Zeichen für die Entschlossenheit, allen Handlungen aus dem Wege zu gehen, die der Mensch offensichtlich zu tun bereit ist.

Normalerweise steht natürlich das Sexualziel in Einklang mit dem Lebensziel, ist sogar ein Aspekt davon, und sobald sich die Gelegenheit ergibt, das Ziel zu erreichen, werden die entsprechenden Gedanken und Gefühle erzeugt und alle Widersprüche und hinderlichen Aufgaben ausgeschlossen. Doch der Neurotiker macht sich Gedanken und Gefühle, die anderen Pflichten oder Lebensfunktionen angehören; es werden irrelevante Überlegungen zugelassen, die den normalen Gang der Sexualität hemmen, durchkreuzen oder pervertieren. Impotenz oder was immer auf solche Weise an sexuellen

Unfähigkeiten hervorgerufen wird, steht unter dem Diktat eines neurotischen Überlegenheitsziels und eines fehlgeleiteten Lebensstils; eine gründliche Untersuchung fördert immer eine fixierte Absicht zutage, zu nehmen, ohne zu geben, dazu ein Mangel an Gemeinschaftsgefühl, Mut und optimistischer Aktivität.

Neben der funktionellen Unfähigkeit gibt es natürlich noch andere Formen der Abkehr von sexueller Partnerschaft. Der Ausschluß der Sexualität kommt häufig durch übertriebene und unpraktische Eheideale zustande und gelegentlich durch den Wunsch, sich mit Menschen zu verbinden, die man offensichtlich nicht wählen kann, weil sie entweder viel älter, unheilbar krank oder noch minderjährig sind. Wenn der Patient die Ehe über einen längeren Zeitraum hinausgeschoben hat und die Unentschlossenheit vielleicht polygamen Neigungen zuschreibt, dann fördert eine gründliche Nachforschung nicht selten die Grundstruktur einer Perversion zu Tage, die jedoch nicht als das Motiv mißverstanden werden darf, sondern als Begleiterscheinung der zögernden Attitude angesehen werden sollte.

Ein Ehemann, der durch Trinken herrscht

Das Bemühen, Liebe und Ehe auszuschließen, sei es vor oder nach der Eheschließung, beruht auf dem prototypischen bzw. infantilen Anpassungsmuster, eine Tatsache, die sich an der Ehegeschichte eines jungen Mannes ablesen läßt, der zu dem Zeitpunkt, als er mich zum erstenmal aufsuchte, dreiundzwanzig Jahre alt war, der keiner beruflichen Beschäftigung nachging und keinerlei Freunde hatte. Ein Jahr zuvor hatte er ein Mädchen geheiratet, zu dem er seit zwei Jahren eine Beziehung unterhalten hatte. Seine Einstellung ihr gegenüber war von ständiger Eifersucht, Ratschlägen und Kritik geprägt. Die junge Frau war anscheinend sehr gelehrig, während sie hoffte, geheiratet zu werden, und der Mann empfand dabei und in dem Bewußtsein, daß die Eheschließung auf den Widerstand seiner Mutter stoßen werde, ein Gefühl von Überlegenheit. Nach der Heirat war die Frau jedoch nicht mehr so unterwürfig und zeigte gelegentlich heftige Wut. Er verhielt sich so, wie er sich in der Kindheit gegenüber seiner

Mutter und seiner älteren Schwester aufgeführt hatte, wenn sie seinen Wünschen nicht sofort nachgekommen waren. Dann hatte er geschrien, seine Schulaufgaben liegengelassen, Spielzeug zertrümmert, seine Kleidung zerrissen und seiner Mutter auf alle mögliche Weise zugesetzt, indem er sie attackierte oder das, mit dem er sich gerade beschäftigte. Nun gab er sich nach Szenen mit seiner Frau schwerem Trinken hin und kam völlig betrunken nach Haus.

Der Mann war ein verzärteltes Kind gewesen, das im Alter von zwei Jahren seinen Vater verloren hatte und anschließend von der Mutter übermäßig verwöhnt worden war. Er wurde der Familientyrann, wie es bei Kindern in einer solchen Position zu geschehen pflegt, und in der Zeit von seinem achten bis zum dreizehnten Lebensjahr litt er unter Ohnmachtsanfällen.

Die Verbindung von Ohnmacht und Wut kann in bestimmten Fällen eine organische Basis haben. Ich bin auf einen Patiententyp gestoßen, der bei Wut bewußtlos wurde; nach meiner Vermutung handelt es sich dabei um Eigentümlichkeiten der Blutzirkulation im Gehirn. In solchen Fällen kann es zu epileptischen Anfällen unterschiedlicher Stärke kommen, zum Beispiel zu einem Petit mal. Wenn wie in diesem Fall sich eine Abfuhrmöglichkeit anbietet, treten die Anfälle unter Umständen unregelmäßig auf, und im Falle unseres Patienten war es so, daß er nicht unter dem Druck stand, seine Wutanfälle zu unterdrücken.

In Einklang mit der Auffassung der Individualpsychologie können wir die Wiederholung dieses Kindheitsverhaltens vorhersagen; auch dürfen wir erwarten, daß der Patient bei jedem entscheidenden Konflikt mit anderen Menschen die gleiche Richtung einschlägt, nämlich die anderen zu verletzen, indem er sich selbst schädigt. Da ein solches Verhalten in der Umgebung Gleichgültigkeit hervorruft, werden Groll und Gereiztheit immer stärker. Als in unserem Falle die Trunkenheit die Frau nicht mehr genug zu strafen vermochte, versuchte der Mann nach einer Auseinandersetzung mit ihr, sich das Leben zu nehmen. Er fügte sich eine schwere Verletzung zu und wurde nur langsam wieder gesund. Da der Mann von seinem Vater ein großes Vermögen geerbt hatte, war für ihn Selbstkontrolle kein so dringliches Gebot. Er konnte sich niemals für längere Zeit in einer beruflichen

Position halten, ein Versagen, das er damit zu rechtfertigen suchte, daß er über schreckliche Arbeitsbedingungen klagte.

Dieser Fall illustriert sehr gut die Unfähigkeit eines verzogenen Kindes, sich der besten Möglichkeiten zu bedienen, ein Eroberer zu werden. Er bestätigt auch, wie falsch es ist, Zustände wie Trunksucht ohne Kenntnis des psychischen Prototyps zu behandeln, denn dieses Leitbild kann jeden Wandel der Bedingungen seiner individuellen Art des Strebens angleichen. Der Prototyp ist nicht am Trinken interessiert, sondern an sich und seiner Überlegenheit, und das verlockt einen solchen Patienten, sich auf die unnützliche Seite des Lebens zu schlagen. Das Behandlungsziel muß sein, das Gemeinschaftsgefühl in jeder nur möglichen Weise zu fördern.

Eine Frau, die Morphium nimmt

Der Einsatz von Liebe und Ehe als Herrschaftsmittel ist natürlich für den Ehepartner unannehmbar; so verlor die Frau dieses Mannes allmählich jedes Interesse an ihm. Er ließ sich scheiden und heiratete noch zweimal. Zu seiner dritten Ehefrau nahm er sich eine geschiedene Frau, die während ihrer ersten Ehe einen Selbstmordversuch unternommen hatte, als bekannt geworden war, daß sie ihren ersten Mann betrogen hatte, weil sie von ihm vernachlässigt worden war. Ihre Mutter war ihr gegenüber sehr kritisch und gefühlskalt gewesen und hatte in beiden mütterlichen Aufgaben versagt. So hatte sie sich, wie es üblich ist, ihrem freundlicheren Vater zugewandt, der sie mit seiner Zuneigung verwöhnt hatte. Die Frau schien von sehr freundlichem Wesen zu sein, das jedoch dem Test ungünstiger Situationen nicht standhielt. In der Schule hatte sie ständig für Ärger gesorgt. Sie hatte nur eine Freundin, denn sie war ungesellig.

Ihr zweiter Ehemann war jüngstes Kind, linkshändig und von einer Ungeschicklichkeit, die den ständigen Spott seiner älteren Brüder auf sich zog. Er war jedoch sehr ehrgeizig und eifrig darauf bedacht, seine Brüder zu überrunden, die ihn in der Kindheit wegen seines Handikaps zurückgesetzt hatten, und dies stachelte ihn an, Reichtümer zu erwerben. Er wurde reich und genoß große Achtung. Furcht vor Niederlagen und Flucht vor Verspottung kennzeichneten seinen Prototyp, und so mochte und suchte er die Isolation. Seine beiden ersten Ehen wurden durch Frauen in die Wege geleitet, die ihm schmeichelten. Die zweite Frau war in sein Leben getreten, als er einen großen Teil seines Vermögens verloren hatte, des Geldes, das für ihn Überlegenheit über seine Brüder bedeutete. Diese Frau hatte versucht, ihn durch Morphium über seinen Verlust hinwegzutrösten; als sie starb, blieb er dabei.

Die dritte, oben beschriebene Frau heiratete ihn mit der Absicht, ihn von seiner Drogenabhängigkeit zu befreien, doch ihre ersten Anstrengungen in dieser Richtung ließen erkennen, daß sie dazu nicht in der Lage war. Als verwöhntes Kind geriet sie in Wut darüber, daß sie keine Macht über ihn besaß, und begann selbst Morphium zu nehmen, um ihn zu bestrafen.

Sie hatte die Vorstellung, er werde sich ändern, wenn er erst die schrecklichen Folgen seines Tuns erkennen müßte; doch als nichts dergleichen geschah, setzten beide Eheleute den Drogenmißbrauch fort. Bald darauf stellten beide fest, daß jeder sich nach einem anderen Partner umschaute.

Das Ehepaar versuchte mehrere Male Morphiumentziehungskuren, jedoch ohne Erfolg, was nicht überraschen kann, wenn wir uns den Komplex an Motiven vor Augen halten, der hier am Werke war. Zum einen war da das kindische Überlegenheitsziel des Mannes, Spott oder Mißachtung aus dem Wege zu gehen. Ein weiteres Motiv lag in seiner Einstellung zu seinen geschäftlichen Sorgen, von denen das Morphium ihn nicht nur teilweise befreite, sondern auch eine subjektiv gültige Entschuldigung bot. Er konnte für seine nachlassenden Erfolge das Morphium verantwortlich machen, ohne das er, wie er sich weiterhin einreden konnte, über alles triumphiert hätte. Bisweilen sprach er von seinem Suchtverhalten auf beide Weisen, das heißt, er stellte es als teilweise Problemlösung wie als Entschuldigung hin, ohne die Verbindung oder den Widerspruch zwischen ihnen zu erkennen. Um dies zu können, hätte er sein Verhalten auf seinen Lebensstil beziehen, hätte er seine übertriebene Forderung nach Wertschätzung verstehen müssen, und dann hätte er vielleicht bessere Mittel und Wege gefunden, Achtung zu erlangen. Seine polygamen Tendenzen und seine Ablehnung von Freunden ließen einen Mangel an sozialer Anpassung erkennen, und er hätte kaum geheilt werden können, indem man ihm einfach das Morphium entzog. Die gesamte Persönlichkeit mußte durch Aufdecken seines Prototyps geändert werden. Es stimmt freilich, daß in leichteren Fällen ein Patient seine unterschiedlichsten Symptome verlieren kann, ehe er selbst oder der Arzt ihren inneren Zusammenhalt erfaßt hat. Wenn dies geschieht, dann entweder weil sich in der Situation des Patienten ein günstiger Wandel vollzogen hat oder weil der Arzt durch Ermutigung oder durch Zufall das Interesse des Patienten an anderen Menschen wieder geweckt hat.

Die Frau war weit davon entfernt, von ihrer Drogenabhängigkeit geheilt zu sein. Da sie sich in der Gefahr wähnte, ihren zweiten Ehemann zu verlieren, gab sie es auf, ihn heilen zu wollen, und da ihr die Kritik anderer gleichgültig war und sie allenfalls das Mißfallen ihrer Mutter erregen wollte, steigerte sie ihren Morphiumkonsum bis zu den gefährlichsten Auswüchsen. Damit wiederholte sie das Verhalten, das sie in ihrer ersten Ehe gezeigt hatte, während einer Zeit also, als sie sich vernachlässigt gefühlt hatte. Der Drogenkonsum war eine Form des Selbstmords. Als kleines Kind und als Liebling ihres Vaters hatte sie sowohl ein starkes Verlangen nach Eroberung wie auch ein intensives Gefühl von Unzulänglichkeit verspürt, und so lebte sie nach der neurotischen Formel des „Alles oder nichts". In solchen Fällen, das heißt, wenn die Hoffnung, *alles* zu gewinnen, zu schwinden beginnt, bleibt nur *nichts* übrig, und dies muß seinen Ausdruck in sehr schlimmen Verhaltensweisen finden, in Selbstmord oder Wahnsinn. Das Gefühl, Selbstmord verleihe Gewalt über Leben und Tod, ist der äußerste Ausdruck des Überlegenheitsziels auf der unnützlichen Seite des Lebens. Doch wir müssen natürlich beachten, daß die Patientin von ihrem Vater und ihrem Ehemann mit Besorgnis beobachtet wurde. Jedermann wurde ihr gegenüber rücksichts- und liebevoller und gab ihr damit ein Gefühl gesteigerter Macht und Bedeutung.

Von solcher Art sind die den Symptomen zugrunde liegenden Schwierigkeiten, die viele Versuche, Trunksucht, Drogenkonsum und Selbstmordneigungen zu heilen, zum Scheitern verurteilen. Doch für alles im Leben gibt es eine Methode, und um ein Problem lösen zu können, müssen wir nur die richtige Methode finden. So gibt es beispielsweise zwei Möglichkeiten, durch eine Tür von nur 1,5 Meter Höhe zu gehen. Die eine Möglichkeit ist, aufrecht zu gehen, die andere, sich zu bücken. Wenn ich die erste Methode versuche, stoße ich nicht nur mit dem Kopf gegen den Türbalken, sondern muß letztendlich doch auf die zweite Methode zurückgreifen. Ich bezeichne dies als das Gesetz der niedrigen Tür. Nichts zwingt mich, den Rücken zu beugen, doch wenn ich mir das Verhältnis zwischen meiner Größe und der Türöffnung nicht klar mache, kann ich schlechterdings nicht durch die Tür gehen. Zu den kritischen persönlichen Lebensproblemen stehen wir in einem ähnlichen Verhältnis. Wenn wir das Faktum nicht erkennen und unsere Methode nicht entsprechend angleichen, geraten wir in Kollision mit der Realität.

Jedes Kind ist mit der Realität konfrontiert und findet mit dem Prototyp mehr oder weniger erfolgreich seine Methode. Diese individuellen Reaktionen auf die Realität sind so wundersam vielfältig, daß die alten Dichter und Fabelerzähler sie mit Tierarten wie dem Hasen, dem Fuchs, dem Storch und der Schlange verglichen. Prototypen sind in der Tat wie Tiercharaktere, die alle in ihrem eigenen Interesse auf ihre eigene Art und Weise ihrem jeweiligen Ziel zustreben.

Die Spannung zwischen dem Kind und seiner Umwelt – die niemals völlig fehlt – ist niemals genau einzuschätzen, denn abgesehen von den vielen Variationsmöglichkeiten der Familienkonstellation besitzt jedes Kind seine individuelle Empfindlichkeit und ursprüngliche Reaktionsbereitschaft. So richten verschiedene Kinder gegenüber einer ziemlich typischen Unterlegenheitsposition höchst unterschiedlich konkrete Überlegenheitsziele auf. Da gibt es beispielsweise viele Kinder, die sich infolge schwach entwickelter Muskeln und schlechten Sehvermögens in einer ähnlich nachteiligen Lage befinden, die jedoch unter Umständen Kompensation in Richtungen suchen, die schließlich dahin führen, daß sie Akrobaten oder Künstler werden, oder sie schlagen hundert andere Entwicklungen ein, die der Originalität ihrer Reaktionen, dem Maß ihres Mutes oder ihres Gemeinschaftsgefühls entsprechen. Mehr noch, die Mängel, die sie kompensieren müssen, sind voller subtiler individueller Unterschiede.

Aus genau diesem Grunde kann ein Kind, das sich von der normalen Lebenslinie entfernt hat, nicht mit Hilfe normaler Methoden umerzogen werden. Die Methode muß vielmehr dem speziellen Fall angeglichen werden, denn das Kind mit abnormaler Ausstattung oder Entwicklung wird sich in vollkommen normalen Situationen unterdrückt fühlen. So nimmt zum Beispiel ein Kind mit Magenbeschwerden womöglich nicht an Gewicht zu und entwickelt sich nur zögernd, und wenn die Umstände seinem Fall nicht sorgsam angepaßt werden, ergeben sich die üblichen Folgen: eine pessimistische und feindselige Einstellung, vielleicht verbunden mit Streitsucht und Reizbarkeit. Ein solches Kind läuft Gefahr, eine neidische Haltung einzunehmen, indem es sich mit anderen vergleicht; es mag ein abnormes Interesse am Essen und am Eßbaren zeigen, und seine Neigung, Dinge zu sammeln und zu horten, münden unter Umständen im späteren Leben in einer intensiven Beschäftigung mit Geldmachen. In Familien, die erfolgreiche Geldmacher hervorbringen, kann man mit ziemlicher Sicherheit Probleme mit der frühen Ernährung finden. Für den Fall, daß ein Kind sich in übertriebener Weise seines Magens bewußt ist und eine Neigung zur Angst zeigt, sollten wir, und dies darf als Regel gelten, etwas dagegen tun, denn das ist der übliche Beginn einer Neurose. Wir erkennen in solchen Fällen ein Gefühl der Einschränkung und einen Mangel an Interesse für andere, und beides läßt für die Zukunft des Kindes nichts Gutes erwarten.

Kinder mit Magenbeschwerden sind eine wohlbekannte Quelle von Sorge und Ärger für Eltern und Ärzte, doch für die Schwierigkeiten sind weit mehr fehlerhafte Methoden als konstitutionelle Mängel verantwortlich. Das gilt auch für andere körperliche Behinderungen. Je besser wir ihre Verbindung mit der allgemeinen Lebenslinie verstehen, desto bessere Methoden können wir erarbeiten. Wir können nicht behaupten, daß wir die universell gültige und perfekte Methode gefunden haben, doch die fortwährende Suche nach richtigen Methoden im Sinne der Prinzipien der Individualpsychologie wird uns gewiß in die Lage versetzen, viele Fehler zu vermeiden.

Für die Dominanz der prototypischen Haltung gegenüber Liebe und Ehe ist auch der folgende Fall ein Beispiel. Die Patientin war als Mädchen das zweite Kind in der Familie gewesen; die Mutter hatte das sehr zarte, überaus hübsche Kind verwöhnt, der Vater hingegen, ein Trinker, hatte es schlecht behandelt. Als das Mädchen drei Jahre alt war, entzog die Mutter ihm ihre Gunst, denn da kam ein weiteres Kind, ebenfalls ein Mädchen, zur Welt. Die Patientin protestierte gegen den Verlust an Zuneigung, indem sie widerspenstig und jähzornig wurde. Man nahm an, sie habe die üble Laune von ihrem Vater geerbt; einige Psychologen bekräftigten diese falsche Auffassung, doch bei einer solch ungünstigen Wende der Umstände würde wahrscheinlich jedes Kind eine solche Entwicklungslinie einschlagen. Tatsächlich können wir häufig von den Einstellungen aggressiver, ungehorsamer oder herrschsüchtiger Kinder auf ein besonderes Merkmal in der häuslichen Umgebung schließen, wie in unserem Falle auf die Verdrängung durch ein nachgeborenes Kind.

Das Mädchen wurde später Schauspielerin und hatte viele Liebesaffären, die darin gipfelten, daß sie die Geliebte eines älteren verheirateten Mannes wurde. Solch eine offensichtliche Ausbeutung von Vorteilen lassen tiefsitzende Unsicherheits- und Feigheitsgefühle erkennen. Die Beziehung brachte der Patientin jedoch Kummer; ihre Mutter machte ihr Vorwürfe, und obwohl der Mann sie liebte, vermochte er keine Scheidung zu erreichen. Während dieser Zeit verlobte sich ihre jüngere Schwester.

Angesichts dieser Herausforderung begann sie unter Kopfschmerzen und Herzklopfen zu leiden und wurde gegenüber dem Mann sehr reizbar. Diese neurotische Ungeduld war der Grund, daß sie zu mir in die Sprechstunde kam. Bei einem bestimmten Menschentyp beobachten wir, daß Kopfschmerzen in der Regel durch starke Spannungen infolge Wut hervorgerufen werden. Die Emotion staut sich sozusagen während einer Zeitspanne auf, in welcher der Patient keinerlei Symptome zeigt. Die Gefühlsspannung kann tatsächlich zu Kreislaufveränderungen führen, die ihrerseits Anfälle von Trigeminus-Neuralgie, Migräne oder epileptiforme Attacken auslösen können. Ein anschauliches Beispiel für solche Kreislaufstörungen bieten uns die durch heftige Wut hervorgerufenen Erstickungsgefühle und krampfartigen Atemnöte.

Bei jenen Fällen von Trigeminus-Neuralgie, die keine organische Grundlage haben, kommen psychologische Faktoren ins Spiel, wie ich bereits früher (1910)[1] betont habe. Diese Faktoren können sich natürlich durch Gefäßstörungen infolge von Emotionen bemerkbar machen, und die häufige Wiederholung solcher Beeinträchtigungen der Blutzufuhr kann unter Umständen schließlich organische Schäden am Gewebe des Nervensystems herbeiführen.

Die Neigung zur Wut steht in Beziehung zu übermäßigem Ehrgeiz, und beide haben ihren Ursprung in einem wetteifernden Bestreben, dem Gefühl, der Niederlage zu entrinnen. Wut und Ehrgeiz treten bei unsozialen Naturen auf, die sich unsicher fühlen, ob sie ihr Ziel durch geduldiges Bemühen erreichen können, und die nach einem Wutausbruch häufig versuchen, sich auf die unnützliche Seite des Lebens zu flüchten. Kinder setzen solche Ausbrüche ein, um durch Erschrecken zu erobern oder sich zumindest überlegen zu fühlen. Auf ähnliche Weise benutzen sie die Konsequenzen, nämlich ihre Kopfschmerzen. Als ich 1910 darüber sprach, war der neurotische Ursprung von Kopfschmerzen der wissenschaftlichen Welt unbekannt, doch in der Antike muß man sehr wohl davon gewußt haben. In einer Ode an Maecenas sprach Horaz von jenen Ehrgeizlingen, die sich selbst nicht ändern wollen, sondern nur die anderen, und in diesem Zusammenhang erwähnte er ihre Kopfschmerzen und ihre Schlaflosigkeit.

Kehren wir zu unserem Fall zurück. Der Zustand der jungen Frau war das Ergebnis eines neurotischen Strebens, ihre Eheschließung zu beschleunigen, und dieses Streben war durchaus nicht erfolglos. Der verheiratete Mann machte sich große Sorgen über ihre ständigen Kopfschmerzen und unternahm einige Anstrengungen, eine Eheschließung zu erreichen, doch er war nicht sehr couragiert und vermochte sich nur langsam gegen den Widerstand durchzusetzen. Die Patientin trennte sich dann von ihm und wollte einen anderen Mann heiraten, doch sie fand schnell heraus, daß dieser Mann

[1] Wieder abgedruckt in: *Praxis und Theorie der Individualpsychologie*, Frankfurt (Fischer Taschenbuch Bd. 6236) 1974, S. 91–111 (d. Hrsg.).

zu ungebildet war, und so kehrte sie zu ihrem früheren Liebhaber zurück. Er (der verheiratete Mann) suchte mich dann auf, um mit mir über die Patientin zu sprechen, und erklärte, er werde sich um eine schnelle Scheidung bemühen und sie heiraten.

Die Behandlung der *unmittelbaren* Krankheit war einfach, sie hätte sogar ohne mich vonstatten gehen können, denn die junge Frau war entschlossen genug, mit Hilfe ihrer Kopfschmerzen zum Ziel zu gelangen. Ihr Ziel war, den Mann zu zwingen, möglichst schnell eine Ehescheidung zu erreichen; es war das Ziel ihrer Kindheit, nämlich zu verhindern, daß sie von ihrer Schwester überholt würde. Und sobald die Ehescheidung eingereicht war, verschwanden ihre Kopfschmerzen.

Ich erklärte ihr den Zusammenhang zwischen Kopfschmerzen und der wetteifernden Einstellung gegenüber ihrer Schwester. Sie fühlte sich nicht in der Lage, ihr Überlegenheitsziel mit normalen Mitteln anzusteuern, denn sie gehörte zu jenen Kindern, deren Interesse von sich selbst eingenommen ist und die innerlich vor Furcht zittern, sie könnten keinen Erfolg haben. Die Patientin gab zu, daß es ihr nur um sie selbst ging und daß sie den Mann, den sie zu heiraten gedachte, in Wahrheit gar nicht mochte.

Ihr Herzklopfen ging zurück auf die Tatsache, daß sie zweimal schwanger gewesen war und beide Male ihre Zuflucht zu einer Abtreibung genommen hatte, nachdem sie dem Arzt zuvor zu ihrer Rechtfertigung erklärt hatte, ihr Herz sei zu schwach, um die Geburt eines Kindes zu überstehen. Es stimmte, daß ihr Herz durch gespannte Situationen und unterdrückte Wut in Mitleidenschaft gezogen war, doch sie benutzte dieses Symptom in immer stärkerem Maße und übertrieb es, um auf diese Weise ihre Absicht zu rechtfertigen, niemals Kinder zu haben. Von sich selbst eingenommene Frauen zeigen ihren Mangel an menschlichem und sozialem Interesse im allgemeinen durch ihre Ablehnung, Kinder in die Welt zu setzen, doch natürlich wünschen sie bisweilen Kinder aus Gründen des Ehrgeizes oder aus Furcht, als minderwertig angesehen zu werden.

Ein Traum der Patientin ist berichtenswert. Sie träumte, sie sei gut gekleidet und halte ein nacktes Baby im Arm. Sie sagte dem Baby, das eine braune Hautfarbe und ein lustiges Gesicht hatte: „Ich kann mich nicht um dich kümmern, ich muß dich weggeben." Das Baby antwortete: „Ja, du hast recht." Dann begann sie im Traum zu weinen, und ein Mann ging vorüber, doch sie wandte ihr Gesicht ab, um nicht gesehen zu werden. Der Mann wollte sie jedoch anschauen und trat auf sie zu.

Mit der Nacktheit des Babys meinte sie, zum Kinderbekommen sei sie zu arm. Ihre Schwester wollte einen reichen Mann heiraten, während sie gerade genug Geld hatte für Kleider und für ein Kind nichts zurücklegen konnte. Die braune Hautfarbe des Babys bedeutete, daß sie ein gesundes Kind haben könnte, doch das Traumkind versicherte ihr, indem es ihr zustimmte, jedermann könne erkennen, daß sie unmöglich ein Kind haben könnte. Die Patientin erklärte zwar zu diesem Zeitpunkt, sie fühle sich vollkommen wohl, doch sie litt in der Nacht und am Morgen unter Herzklopfen, womit sie zu erkennen gab, daß sie an der (unbewußten) Vorstellung festhielt, ihr schwaches Herz sei eine Entschuldigung dafür, daß sie keine Kinder hatte. Sie war zu egoistisch und viel zu begierig, weiterhin im Mittelpunkt der Lebensbühne zu stehen, um die Aussicht auf Kinder als angenehm empfinden zu können; mehr noch, sie empfand das Kind als möglichen Rivalen, denn die Tragödie ihres kindlichen Lebens bestand in ihrer Rivalität mit ihrer kleinen Schwester. Der Mann, der im Traum an ihr vorüberging, mußte ich gewesen sein, und ihr Abwenden war ein Zeichen, daß sie nicht völlig offen zu mir sein wollte. Denn sie hatte Angst davor, ich könne ihr Vorwürfe machen, und da sie wußte, daß ich ihr Gemeinschaftsgefühl entwickeln wollte, dachte sie, ich würde ihr ein Kind wünschen.

Die Entscheidung, ob eine Frau ein Kind haben will oder nicht, sollte ganz und gar bei der Frau selbst liegen – das ist jedenfalls meine persönliche Meinung. Ich kann keinen Sinn darin sehen, einer Frau ein Kind aufzuzwingen, die kein Gemeinschaftsgefühl oder keine Kinderliebe besitzt, denn eine solche Frau wird das Kind mit ziemlicher Sicherheit falsch aufziehen. In solchen Fällen ziehe ich es vor, die Frau sozial anzupassen[2], und wenn dies gelingt, bin ich sicher, daß sie sich ohne Ratschlag oder Druck von irgend jemandem sonst ein Kind wünschen wird.

[2] im Sinne von: der Frau den Weg zum Gemeinschaftsgefühl finden helfen (d. Hrsg.).

Psychologen Freudscher Richtung kommen (oder kamen jedenfalls) zu der fast immer gleichen Schlußfolgerung, daß ein Mensch, der sich der Liebe verschließt, seine Libido unterdrückt oder verdrängt. Doch für Diagnose wie Behandlung ist es ein unschätzbarer Fortschritt, wenn wir diese Ablehnung von Liebe in Beziehung zu dem Überlegenheitsziel des jeweiligen Menschen setzen. Wenn die Ablehnung normaler Möglichkeiten der Partnerschaft länger anhält und hartnäckig verfolgt wird, können wir darin immer ein Zeichen sehen, daß der Betreffende auch in anderen Beziehungen neurotisch ist und daß er aufgrund einer allgemeineren Ablehnung sozialen Verhaltens die Ehe nicht in dem offensichtlichen Licht sozialer Notwendigkeit zu sehen wünscht. Wir erkennen dann eine zögernde oder ausweichende Attitüde gegenüber dem Liebesproblem oder eine unnatürliche Neigung in der Liebesbeziehung; beide Einstellungen ergeben sich aus einem fehlerhaften Verständnis der Beziehung zwischen den lebensstiltypischen Bedürfnissen des jeweiligen Menschen und den Möglichkeiten seiner Situation. Ein besseres Verständnis wird besseres Verhalten mit sich bringen. Denn individuelle Ziele sind weder unerreichbar noch sind sie auf nur einem Wege zu erreichen. Doch jeder Weg zur Erreichung des Ziels verlangt seine eigene Abfolge notwendiger Aufgaben und Verpflichtungen. Der Neurotiker bezahlt seinen Preis, wenn er den schwierigsten, einsamsten und unpraktischsten Weg zum Gipfel seines Ehrgeizes wählt, wo es doch viel leichtere und besser begehbare Pfade gibt. In gewissem Sinne kann man sagen, daß der Lebensstil seine Herrschaft über das Leben des einzelnen niemals ganz aufgibt, doch es gibt bessere und immer bessere Möglichkeiten, sein Gesetz zu erfüllen.

Wir müssen das Liebesproblem als intimste und organabhängige Form des Problems sozialen Verhaltens ansehen, eine Anschauung, die als beständiges Korrektiv von Fehlern wirkt. Diese Auffassung der Individualpsychologie mag uns nicht mit einer absoluten Wahrheit beglücken, sie mag uns nicht in den Stand versetzen, die Zukunft einer Ehe so genau vorauszusagen, wie wir den Weg eines fallenden Steins abschätzen können. Doch der Stein stammt aus in einer Welt der (absoluten) Wahrheit, während wir uns im Bereich menschlicher Fehler bewegen. Unsere Methode versetzt uns in die

Lage, schwere Fehler durch leichte zu ersetzen, und das ist unsere Rechtfertigung dafür zu glauben, daß wir anderen häufig helfen können, ihre Ziele mit einer Methode anzustreben, die, wenn vielleicht auch nicht unfehlbar, so doch in sozialer Hinsicht besser ist als die ihre. Im Seelischen herrscht kein Grundsatz individueller Orientierung, der jenseits unserer Meinungen und Stellungnahmen läge. Die Folgen unseres tatsächlichen Glaubens sind unabsehbar. Große Fehler können zu Neurosen führen, doch kleine Fehler machen den ziemlich normalen Menschen aus.

5. Neurotischer Lebensstil und Psychotherapie

Es ist ganz natürlich, daß der Mensch sich mit seinem gesamten Körper ausdrückt, und daher ist es häufig aufschlußreicher, die Bewegungen eines Menschen zu beobachten – die Art, wie er geht, sitzt, lächelt oder herumzappelt –, als darauf zu hören, was er sagt. Mehr noch, wir können dies auch auf die Beurteilung von Symptomen anwenden. Sich übergeben zum Beispiel ist in der Regel ein Zeichen dafür, daß der Mensch, der sich übergibt, nicht zustimmen möchte. Es ist ein Angriff auf einen anderen oder die Ablehnung einer Annäherung. Ohnmächtig werden kann ebenfalls die wirksame Ablehnung einer Situation sein, in der ein Mensch sich völlig machtlos fühlt.

Wie kann ich einen Stotterer heilen, wenn ich der Auffassung bin, daß sein Stottern durch irgendwelche subtilen und unbekannten organischen Mängel verursacht ist? Ich habe eine Menge Anhaltspunkte dafür, daß der Stotterer nicht mit anderen zusammensein möchte, und er kann im allgemeinen ganz gut reden, wenn er allein ist. Unter Umständen kann er sogar ausgezeichnet lesen oder rezitieren, und daher kann ich sein Stottern nur als Ausdruck seiner Einstellung gegenüber anderen Menschen interpretieren.

Es spricht jedoch etwas für die in Amerika übliche Auffassung, Stottern werde dadurch verursacht, daß man linkshändigen Kindern beibringt, die rechte Hand zu benutzen; allerdings ist dies nur der Fall, weil man sich der falschen Methoden bedient, Methoden, die dem Kind als Reaktion auf eine uneinfühlsame Kritik ein antisoziales Vorurteil eingeben. Eine mechanische, auf Wetteifern Wert legende Lehrmethode berücksichtigt nicht oder nur unzureichend die Tatsache, daß ein linkshändiges Kind größere Schwierigkeiten hat, sich anzupassen, und das Kind rächt sich für dieses Versäumnis mit einer Funktionsstörung, die seine Lehrer beunruhigt oder reizt. Es gibt keinen körperlichen Grund, warum Kindern nicht beigebracht werden sollte, die rechte Hand zu benutzen. Da wir in einer Rechtshänder-Kultur leben, kann sich bisweilen das Gefühl einstellen, als ob Linkshändigkeit in späteren Lebensperioden etwas Minderwertiges sei. In vielen technischen und geschäftlichen Berufspositionen und auch im Sozialleben wird Linkshändigkeit unter Umständen als auffällige Unfähigkeit oder als Hindernis angesehen. Doch das Training dieser Leute für eine rechtshändige Welt sollte mit der richtigen Methode geschehen, denn wir haben es mit einer großen Minderheit zu tun, deren Rechte geschützt werden sollten. In den ersten Lebensjahren hat das linkshändige Kind sicherlich größere Schwierigkeiten, denn häufig wird dieses eigentümliche Verhalten nicht erkannt, und das Kind wird für seine Ungeschicklichkeit getadelt. Ein solches Kind verbindet seine unvollkommene Rechtshändigkeit mit all den anderen Schwierigkeiten daheim und in der Schule und leidet unter einer Depression, die sein Interesse zu sehr auf sich selbst konzentriert. So erwerben linkshändige Kinder häufig das Gefühl, die Welt sei ein gefährlicher Ort, und sie neigen stärker als andere Kinder zu Neurosen.

Nach meiner Einschätzung sind über fünfunddreißig Prozent aller Menschen linkshändig; die meisten von ihnen sind sich dieser Tatsache nicht bewußt. Es gibt verschiedene Möglichkeiten, Linkshändigkeit zu erkennen; der beste und einfachste Weg ist, den betreffenden Menschen aufzufordern, in die Hände zu klatschen. Der Linkshändige wird dies instinktiv so tun, daß der linke Daumen über dem rechten liegt. Bei einem linkshändigen Menschen ist die Augenbraue auf der linken Seite häufig höher gezogen, und die gesamte Symmetrie des Körpers hat sich mehr zur linken Seite verschoben. Sogar in der Wiege können wir beobachten, wenn ein Säugling dazu neigt, die linke Körperseite mehr zu benutzen als die rechte. Die Anpassung an die Rechtshändigkeit ist für diese Kinder eine etwas schwierige Prüfung. Wenn ich eine sehr schlechte Handschrift sehe, weiß ich im allgemeinen, daß sie von einem linkshändigen Menschen stammt, dessen Mut unter dem Durchschnitt liegt. Auf der anderen Seite, wenn ich eine ausgezeichnete Handschrift sehe, weiß ich, daß es sich auch da um eine linkshändige Person handelt, allerdings um eine die ihre Schwierigkeiten erfolgreich gemeistert hat. Linkshändige, die ihre rechte Hand entwickeln, erwerben in vielen Fällen künstlerische oder handwerkliche Geschicklichkeit.

Unter Malern finden wir nicht wenige Linkshänder, die mit der anderen Hand genauso gut malen können.

Es ist nicht allgemein bekannt, daß linkshändige Kinder sehr häufig erhebliche Schwierigkeiten beim Lesenlernen haben, weil sie andersherum, von rechts nach links, buchstabieren, ein Fehler, den sie korrigieren können, wenn er ihnen richtig erklärt wird.[1]

Unzulängliche Funktionen der Sinnesorgane schränken die Möglichkeiten eines Kindes ein, am Leben anderer Menschen teilzuhaben. Solche Kinder zeigen notgedrungen Verhaltensunterschiede, die unter Umständen als Last empfunden werden, wenn wir dem Fall nicht mit klug dosierter an Ermutigung begegnen. Kinder mit Sehschwächen gehen vorsichtig, weil sie sich der Gefahr bei Bewegungen bewußt sind. Sie sind mehr interessiert am Sehen, weil es ihnen Schwierigkeiten bereitet, und wenn sie ihre Schwäche kompensieren können, werden sie zu visuellen Menschentypen. Entsprechende Kompensationen finden sich bei Hörfehlern oder Bewegungsstörungen.

Gustav Freytag beispielsweise war sehr kurzsichtig und trug trotzdem keine Brille. Da er nicht viel sehen konnte, war seine Aufmerksamkeit darauf gerichtet, sich vorzustellen, wie seine Umwelt beschaffen sein mochte, und die hoch entwickelte Phantasie bildete die Grundlage seiner schriftstellerischen Qualität. Goethe, Schiller, Milton und viele andere bedeutende Dichter waren mit schlechtem Sehvermögen geschlagen, desgleichen viele der größten Maler. Ein Kind mit vollkommen normalem Sehvermögen wird wahrscheinlich seine Aufmerksamkeit nicht auf Phänomene des Sichtbaren konzentrieren, sondern sie für gegeben und selbstverständlich hinnehmen. Man sollte jedoch niemals annehmen, daß mangelhaftes Sehvermögen in jedem Fall notwendigerweise durch Talent oder glänzende Leistung oder auch nur in irgendeiner sozial nützlichen Weise kompensiert wird. Eine gute Kompensation kommt nur dort zustande, wo Mut und eine günstige Situation zusammentreffen. Dann können wir mit einer besonderen Entwicklung rechnen, entweder in bezug auf dieselbe Sinnesfunktion oder in bezug auf eine

---

[1] Dr. ALICE FRIEDMANN hat diese und andere Fakten gesammelt und erörtert in einem Artikel mit dem Titel „Questionnaire for the investigation of lefthandedness", in: *Int.Z.Indiv.Psychol.*, 1927, 5, S. 193–196.

andere, etwa das Hören. Wenn die Situation ungünstig ist und es an Mut fehlt, kommt es zu einer negativen Kompensation, das heißt, das Kind wird nichts sehen *wollen*.

Menschen mit normalem Sehvermögen entwickeln bisweilen Interessen, die von Sehtüchtigkeit abhängen, doch sie tun dies erst, wenn sie zu irgendeinem Zeitpunkt mit der Notwendigkeit zu sehen konfrontiert werden. Ohne Bewußtsein einer Behinderung stellt sich niemals Fortschritt ein. Das Hindernis scheint ein Abschreckungsmittel zu sein, das jedoch als Ansporn wirkt, wo immer ein mutiger Kampf um Erfolg ausgetragen wird. Auf die Hörschwierigkeiten bei Beethoven, Smetana, Dvořák und anderen Musikern habe ich bereits hingewiesen.

Wir haben nicht nur eine rechtshändige, sondern auch eine männliche Kultur; daher bringt das Überlegenheitsstreben gemeinhin eine über-maskuline Einstellung hervor. Mehrere große Philosophen haben dies bemerkt, so etwa Kant, der erklärte: „Kein Mann möchte jemals eine Frau sein." Mit dieser Aussage stimme ich nicht gänzlich überein, denn ich habe Fälle erlebt, in denen Männer Frauen sein wollten. Ein krummbeiniger Mann beispielsweise erklärte mir, er wünschte, eine Frau zu sein, um seine mißgebildeten Beine mit Röcken bedecken zu können, und es gibt verwöhnte Jungen, die Frauen sein möchten, um verhätschelt zu werden.

Ich werde niemals etwas dagegen einwenden, daß Frauen einen Platz in der Welt einnehmen, der denen von Männern ebenbürtig ist, doch ich habe erfahren, daß es besser ist, Jungen und Mädchen vom frühesten Lebensalter so aufzuziehen, daß sie mit ihren Sozialrollen versöhnt werden. Wenn ein Mädchen glaubt, es könne sich in einen Jungen verwandeln, dann deshalb, weil man ihm die weibliche Rolle nicht unter dem Blickwinkel der Gleichheit dargestellt hat. Es rebelliert gegen etwas, das es als Aussicht permanenter Minderwertigkeit empfindet. Die Freudianer haben diese Tatsache als den sogenannten „Kastrationskomplex" gedeutet, weil Mädchen häufig die Phantasie haben, ihnen seien die männlichen Organe durch eine Operation entfernt worden. Doch das heißt, die Wirkung mit der Ursache verwechseln. Fast jedes Mädchen wünscht zuweilen, ein Junge zu sein, selbst wenn es behauptet, lieber eine Frau zu sein, und es wünscht dies, weil die männliche Position sicherer zu sein scheint. Das Mädchen zeigt damit an, daß es die Vor- und Nachteile beider Rollen gegeneinander abgewogen hat. In Herders Sammlung von Brautliedern müssen wir uns wohl oder übel der Tatsache stellen, daß es allesamt traurige Lieder sind, Lieder, die von der Erkenntnis der Mädchen handeln, daß sie in der Ehe nicht geschätzt oder geachtet werden. In der Krise zwischen Mädchenalter und Frausein bangt es um den Verlust der Jungfräulichkeit, als ginge es um den Verlust von Kraft und Würde. Genau dieses Gefühl steht hinter verschiedenen Äußerungsformen bei Frauen, etwa hinter der argwöhnischen Attitüde, dem Verlangen, Liebe und Ehe zu entfliehen, Vaginismus, Furcht vor Schwangerschaft und auch hinter Perversionen.

Mädchen möchten sich häufig wie Jungen kleiden, wie Jungen spielen und sogar mit Jungennamen gerufen werden. Als ich einmal mit einem fünfjährigen Mädchen spazierenging, führte es mich zu einem Geschäft mit Jungenkleidern in den Auslagen. Sie bat mich, ihr einen Knabenanzug zu kaufen. Ich griff zu einer List und erklärte, ja, das würde ich tun, wenn sie es wünsche, doch *kein Junge* würde ein Mädchenkleid tragen wollen. Sie schwieg für eine Weile und zeigte dann auf einen Jungenmantel: „Würdest du mir bitte wenigstens diesen Mantel kaufen."

Bei einem solchen Kind können wir vermuten, daß es sich im Alter von zwei oder drei Jahren über die unwandelbare Natur der Geschlechtsrolle im unklaren war und daß diese Unsicherheit die Bildung des psychischen Leitbildes beeinflußt hat. Wenn ein Mädchen durch seine Umwelt oder durch seine Erziehung dazu ermuntert wird, Jungen zu imitieren, wird es später größere Schwierigkeiten haben, wenn es gilt, seinen Problemen als Mensch ins Auge zu sehen. Mädchen sollten erzogen werden nicht wie für eine niedere Funktion, sondern mit einem Blick und einem Gefühl für ihre besonderen sozialen Verantwortungen und Möglichkeiten. Ohne diese Vorbereitung zeigen Mädchen mit einiger Sicherheit später ein Bedürfnis danach, vor allem in der Adoleszenz, wenn sie zum erstenmal ein wenig Freiheit und Unabhängigkeit erlangen. Dann übertreiben sie häufig gern die männlichen Verhaltensweisen und Sitten, vor allem die schlechten, wie Trinken und sexuelle Freizügigkeiten. Zur heutigen Zeit greift der männliche Protest immer weiter um sich; Frauen jeden Alters

stellen ihn weithin zur Schau, Frauen, die rauchen, kurze
Röcke und kurzes Haar tragen und alles mögliche tun, um
sich den männlichen Verhaltensweisen anzugleichen.

Der Junge, der dachte, er sei ein Prophet

Aus einem Sanatorium wurde mir ein Junge von fünfzehn
Jahren gebracht; viele Ärzte hatten ihn behandelt, da er
seltsame Handbewegungen machte, Grimassen schnitt und
ein abnormes Sprachverhalten zeigte. Er schrie häufig ohne
erkennbaren Grund. Seine Symptome ähnelten denen der
Schizophrenie, doch schließlich vertraute er mir sein Geheimnis an: „Ich weiß, es ist Quatsch, doch ich glaube, daß
ich ein Prophet bin. Niemand darf das wissen." Ich konnte
ihn innerhalb weniger Tage heilen. Er lehnte die Gemeinschaft mit anderen ab und isolierte sich durch sein ungewöhn-
liches Verhalten. Er hatte eine jüngere Schwester, und dies ist
für den älteren Jungen immer eine schwierige Position.
Obwohl er gute Schulnoten hatte (tatsächlich war er sogar der
beste Schüler in seiner Schule), hatte ihm seine Entschlossenheit, im Leben eine einzigartige Rolle zu spielen, allgemeine
Abneigung eingetragen. Seine Flucht in die Welt der Unwirk-
lichkeit, wo allein er ein ausreichendes Maß an Überlegenheit
empfinden konnte, war durch Feigheit motiviert. Schließlich
stand er vor der Notwendigkeit, eine andere Sprache zu
sprechen und all seine Schulkameraden als eine siegreiche
ausländische Nation zu betrachten, weil sie ihn verspottet
und geschlagen hatten. Unterdessen hatte er zu Hause immer
stärker das Gefühl, daß seine Schwester vorankam und daß er
seine Überlegenheit ein zweites Mal verlieren würde, und dies
brachte ihn vollkommen aus dem Häuschen. Er hatte nicht
den Mut, seinen Eltern zu erklären, daß er sich unterdrückt
fühlte, und in der Schule flüchtete er sich in Phantasien. In
seiner Traumwelt machte er sich daher zum Propheten. Die
ungewöhnlichen Gesichtsausdrücke und Grimassen, die er
sich zugelegt hatte, waren nach den Gesten und Gebärden
modelliert, die er ursprünglich erfunden hatte, um die Aufmerksamkeit seiner Eltern auf sich zu ziehen.
Er gewann eine optimistische Einstellung zu mir, weil er sich
in der Lage fühlte, *nur mir* das Geheimnis seiner Größe zu

offenbaren. Auf der Grundlage dieses gegenseitigen Vertrauens konnte er seine Beziehungen zu anderen erörtern und überdenken, und mit Hilfe meiner Erklärungen und meiner Ermutigung entfaltete er den natürlichen Wunsch, sich dem Leben anzupassen. Ich habe ähnliche Fälle gehabt, in denen verzärtelte Kinder unter der Grausamkeit ihrer Kameraden viel zu leiden hatten.

Der hellseherische und sprachlose Geschäftsmann

Ein weiterer Fall von Neurose, in den eine prophetische Rolle hineinspielte, war der eines vierzigjährigen Geschäftsmannes, der mich um Hilfe ersuchte, weil er sich nicht in der Lage fühlte, mit anderen zu sprechen. In geselliger Umgebung wurde er durch eine an Lampenfieber erinnernde Angst überwältigt; er zitterte, geriet in Verlegenheit und verspürte das Gefühl zu ersticken. Er hatte eine Witwe geheiratet, die zwölf Jahre älter war als er und die ihn sehr verwöhnte, so wie es früher seine Mutter getan hatte. Mit ihr und einigen wenigen engen Freunden, wie auch mit seinen Kunden, konnte er sich ohne jede Schwierigkeit unterhalten, doch sein Verhalten konnte der Prüfung eines größeren Gesellschaftskreises nicht standhalten.
Den Schlüssel zu dieser merkwürdigen Situation fand ich erst, als der Mann erwähnte, er habe prophetische Träume. Da argwöhnte ich sofort, daß sein Überlegenheitsziel darin bestand, Prophet zu sein und eine privilegierte, einzigartige Beziehung zu Gott zu haben. Ich wies ihn vorsichtig auf diesen Gedanken hin, indem ich mit einem „Vielleicht" begann, doch er erwiderte sogleich: „Alle meine Freunde wissen, daß ich ein Hellseher bin. Auch meine Frau weiß das. Viele Fälle haben es bewiesen." Dies war natürlich der Grund seiner Schwierigkeiten. Wenn er in der Gesellschaft frei spräche, liefe er Gefahr, einen Irrtum in seinem Wissen zu verraten, und das könnte seinen Ruf als Hellseher ruinieren. Die Vorstellung einer möglichen Niederlage versetzte ihn in eine solche Spannung, daß er Atemnot bekam, und so schützte er sein Hellsehertum durch eine mysteriöse Sprachlosigkeit.
Im Erstinterview mit einem Patienten müssen wir uns Sicher-

heit darüber verschaffen, ob es sich wirklich um einen Fall von Neurose handelt. Ich selbst verfahre in der Praxis so, daß ich nach Anhörung der Beschwerden des Patienten einen von zwei Wegen einschlage. Wenn ich annehme, daß keine wirkliche organische Störung vorliegt, schließe ich diesen Aspekt des Falles zeitweilig von der weiteren Überlegung aus und mache mich daran, die Umstände und den Lebensstil zu erkunden. Wenn andererseits eine offenkundige organische Störung vorliegt, überlege ich mir, ob die Beschwerden und das Leiden größer sind, als die Krankheit rechtfertigt, das heißt, ob es sich um eine Verbindung von organischer und psychischer Erkrankung handelt. Ich habe z. B. häufig mehr Schmerz gefunden, als die Krankheit eigentlich vermuten läßt, und auch eine eigenartige Erregung, die mit einer schwerwiegenden Krankheit einherging und den Fieberverlauf unter Umständen nachteilig beeinflußte. Bei einer organischen Krankheit wechselt auch der Appetit entsprechend der allgemeinen Haltung, und eine schwere Krankheit kann verlängert werden oder sogar tödlich enden, wenn der Patient pessimistisch wird oder sich einer psychischen Lethargie hingibt.

In diesen Fällen ist es dringend erforderlich herauszufinden, ob der Patient vor einem Problem steht, das er nicht lösen zu können glaubt. Ein solches Problem können wir natürlich fast nie direkt angehen. Wenn möglich, bespreche ich mit dem Patienten seinen Lebensverlauf von der frühesten Kindheit an und achte besonders auf Ereignisse oder Lebensphasen, die das schmerzlichste Gefühl von Schwäche und Impotenz offenbaren oder verdecken. Und gleichzeitig halte ich mich wachsam für jedes Zeichen organischer Minderwertigkeit. Wo immer wir mit Sicherheit eine Neigung zu zögern, stehen zu bleiben oder zu fliehen entdecken können, haben wir auch einen Schlüssel zur gegenwärtigen Haltung. Wenn eine Krankheit sich als sowohl organisch wie als psychisch herausstellt, muß die Behandlung gleichzeitig in beiden Bereichen erfolgen. Wenn die Störung vorwiegend oder gänzlich psychischer Natur ist, erkläre ich den Patienten, was ich beim ersten Gespräch entdeckt habe, allerdings auf eine solche Art und Weise, die sie nicht entmutigen kann, und achte überaus sorgsam darauf, den Patienten nicht etwas zu erzählen, was sie noch nicht verstehen können.

Um meine Befunde zu bestätigen, prüfe ich einen Hinweis

nach dem anderen und sammle Informationen der verschiedensten Art. So frage ich zum Beispiel: „Was würden Sie tun, wenn ich sie sofort heilte?", eine Frage, von der ich mir Aufschluß erwarte über ein Problem, das bis dahin noch nicht erörtert wurde. Ich frage den Patienten nach seiner frühesten Erinnerung, um einen Hinweis auf sein vorherrschendes Lebensinteresse zu bekommen. Ich suche zu verstehen, was sich bei ihm abspielt, indem ich darauf achte, welchen Aktivitäten der Patient sich verschließt, Aktivitäten von der Art, wie man sie normalerweise erwarten kann. Zur gleichen Zeit frage ich mich eindringlich, ob ich in den gleichen Umständen lebte und dem gleichen Lebensstil folgte, wenn ich der gleiche Typ von Mensch wäre, den ich glaube vor mir zu haben. Wenn ich das Gefühl habe, die Lebensumstände des Patienten verstanden zu haben, suche ich zu ergründen, ob seine Gefühle, Gedanken, Handlungen und Eigenarten allesamt in die gleiche Richtung zielen, nämlich in Richtung Ausschluß oder zumindest Verschiebung des derzeitigen Problems. Die von der Individualpsychologie gesammelten Erfahrungen berechtigen uns, nach einer solchen Einheit des Lebensplans Ausschau zu halten. Und eine Fülle von Erkenntnissen, die uns Literatur und bisherige Praxis der Individualpsychologie vermitteln, sind für die Diagnose von großem Wert, genauso wie sie uns dabei behilflich sind, die typischen neurotischen Faktoren auszumachen, sei es Mangel an Gemeinschaftsgefühl, Fehlen von Mut und Selbstvertrauen und Sichsperren gegen common sense. Auf diese Weise können wir den Lebensstil viel schneller erfassen, und wenn wir jeden Eindruck von anderen stets überprüfen und verifizieren, dürften wir uns eigentlich nicht zu plumpen Verallgemeinerungen verführen lassen.

Das Gespräch bringt in allen Fällen ein betontes „Wenn" zu Tage. „Ich würde heiraten, *wenn*", „Ich würde meine Arbeit wiederaufnehmen, *wenn*", oder „Ich würde mich auf mein Examen vorbereiten, *wenn*", usw. Der Neurotiker hat sich stets einige mehr oder weniger plausible Gründe dafür zurechtgelegt, seine Flucht vor den Lebensanforderungen zu rechtfertigen, doch er macht sich nicht klar, was er da tut. Der Patient muß sehr vorsichtig geführt werden, und es ist die Aufgabe des Psychologen, seinen Patienten in der Fähigkeit zu einfachen und direkten Erklärungen zu trainieren.

Der Psychotherapeut muß alle Gedanken an sich selbst und alle Gefühle von Überlegenheit aufgeben und darf von dem Patienten niemals etwas fordern. Ihm obliegt die verspätete Übernahme der mütterlichen Funktionen, und seine Arbeit muß von entsprechender Hingabe an die Bedürfnisse des Patienten geprägt sein. Was die Freudianer Übertragung nennen (sofern wir sie unabhängig von ihren sexuellen Weiterungen erörtern können), ist nichts anderes als Gemeinschaftsgefühl. Das Gemeinschaftsgefühl des Patienten, das stets in irgendeinem Maße vorhanden ist, findet seinen bestmöglichen Ausdruck in der Beziehung zu dem Psychologen. Der sogenannte „Widerstand" ist lediglich Mangel an Mut, zur nützlichen Seite des Lebens zurückzukehren; das bringt den Patienten dazu, eine Abwehr gegen die Behandlung aufzurichten, aus Furcht, seine Beziehung zu dem Psychologen könne ihn zu einer nützlichen Aktivität zwingen, bei der er eine Niederlage erleiden würde. Aus diesem Grunde dürfen wir einen Patienten niemals zwingen, sondern müssen ihn behutsam führen, damit er seinen leichtesten Einstieg findet, sich der Nützlichkeit wieder anzunähern. Wenn wir Gewalt anwenden, wird er mit Sicherheit das Weite suchen. Meine Praxis ist ferner, niemals zur Ehe oder zu freien Beziehungen zu raten. Nach meiner Erfahrung führt das immer zu schlechten Ergebnissen. Ein Mensch, der aufgefordert wird, zu heiraten oder sexuelle Erfahrungen zu machen, wird mit ziemlicher Sicherheit eine Impotenz entwickeln. Die erste Behandlungsregel lautet, den Patienten zu gewinnen, die zweite, der Psychologe darf sich niemals über seinen Erfolg Gedanken machen, denn wenn er es tut, wird er ihn verfehlen.

Die Beseitigung jeglichen Zwanges, die freiestmögliche Beziehung, dies sind die Bedingungen, auf denen die Beziehung zwischen Patient und Arzt unbedingt beruhen muß. Denn eine Heilung hängt davon ab, ob beide das Ziel des Patienten verstehen, ein Ziel, das bis dahin ein wohlgehütetes Geheimnis war. Auf diese Notwendigkeit zur Wahrheit, die dem individuellen Lebensstil zugrundeliegt, habe ich bereits im Zusammenhang mit der Behandlung von Trunksucht, Morphiumkonsum und ähnlichen Süchten hingewiesen. Nur das Gift wegzunehmen und einige ermutigende Worte zu sagen, ist sinnlos. Der Patient muß sich klarmachen, *warum* er trinkt. Es reicht auch nicht aus, wenn der Patient sich die allgemeinen Grundsätze der Individualpsychologie zu eigen macht, denen zufolge ein Trinker sozialen Mut und Gemeinschaftsgefühl verloren hat oder der Furcht vor einer drohenden Niederlage ausgesetzt ist. Es ist leicht für den Arzt zu sagen, und sogar für den Patienten zu glauben, daß er sich dem Trinken zugewandt hat, weil er unter dem Eindruck eines Minderwertigkeitsgefühls steht, das seinen Ursprung in der Kindheit hat, doch bei dieser bloßen Sprücheklopferei wird nichts herauskommen. Der Arzt muß die besondere Struktur und Entwicklung dieses individuellen Lebens mit einer solchen Genauigkeit erfassen und mit solcher Klarheit zum Ausdruck bringen, daß der Patient erkennt, er ist völlig verstanden, und seinen Fehler einsieht. Wenn Patienten oder Ärzte zu mir kommen und erklären: „Wir haben alles erklärt" oder: „Wir verstehen alles genau, und dennoch haben wir keinen Erfolg", so kann ich solche Äußerungen nur für lächerlich halten. Jedesmal, wenn ich mich mit einem solchen Fall oder Fehlschlag beschäftige, stelle ich fest, daß weder Arzt noch Patient die Sache verstanden noch irgend etwas erklärt haben. Bisweilen hat sich der Patient minderwertig und vom Arzt unterdrückt gefühlt und sich jeder wahren Erklärung widersetzt. Gelegentlich ist der Spieß umgedreht worden und der Patient hat den Arzt behandelt! Nicht selten sucht ein unerfahrener Praktiker dem Patienten die Theorien der Individualpsychologie in Sätzen beizubringen wie: „Ihnen fehlt es an Gemeinschaftsgefühl, sie haben keinen sozialen Mut, sie fühlen sich minderwertig" usw., Sätze, die schlimmer als nutzlos sein können. Eine wahre Erklärung muß so klar sein, daß der Patient in ihr sofort seine eigene Erfahrung erkennt und fühlt.

Flucht durch Trinken

Ein Mann von zweiunddreißig Jahren, sehr intelligent, wohlerzogen und vollkommen gesund, ist von mir wegen Trunksucht behandelt worden; er veranstaltete in Abständen von vier Wochen regelrechte Saufgelage. Der Patient hatte viele Behandlungen und Kuren hinter sich, einschließlich Injektionen mit Extrakten verschiedener Drüsen. Er hatte Monate in geschlossenen Anstalten verbracht, doch nichts hatte sein Verhalten ändern können.

Der Mann war sehr schüchtern, zitterte und rauchte unaufhörlich Zigaretten. Diese Verhaltensweisen bestätigte meinen Eindruck, der sich beim ersten Anblick aufgedrängt hatte, nämlich daß er mich als überlegen und als Feind empfand, und er klammerte sich an seine Zigarette, um nicht von seinem Gefühl vergleichsweiser Wertlosigkeit überschwemmt zu werden. Als Antwort auf meine Fragen erklärte er, keine Freunde zu haben und keine Gesellschaft aufzusuchen, keiner Arbeit nachzugehen und niemanden zu lieben. Er zog es vor, allein zu bleiben, und wenn er gedrängt wurde, an irgendeiner Geselligkeit teilzunehmen, geriet er in heftige Erregung. Er lebte auf Kosten seiner Eltern extravagant und zahlte für mehr oder weniger nutzlose Dinge die höchsten Preise, wann immer es ihm gefiel. Seine Antwort auf das sexuelle Problem können wir uns denken: Masturbation, der Stil des Sexuallebens, den man übernimmt, um die Isolierung zu bekräftigen und Liebe und Ehe aus dem Wege zu gehen.

Solch eine Lebensweise hat ihren Ursprung für gewöhnlich in der prototypischen Attitüde eines verzärtelten Kindes, das sich bemüßigt fühlt, außerhalb der Schußlinie des Lebens zu bleiben, weil es nicht darauf vorbereitet ist. Dieser Mann suchte sein Heil in der Flucht, indem er Trinker wurde. Als er sich ohne Unterstützung durch andere den Problemen von Gemeinschaft, Arbeit und Liebe zu stellen hatte, erlebte er in periodischen Abständen angespannte Situationen und Verkrampfungen, so daß unkontrollierbare Anfälle von Trunksucht eine angemessene Lösung seines Problems auf der unnützlichen Seite des Lebens bildeten.

Die üblichen Spannungen des Alltags waren nicht stark genug, um ihn zum Trinken zu treiben, und so war er in der Lage, seine nüchternen Perioden dazu zu benutzen, die gute Absicht zur Schau zu stellen, er wolle seine Gewohnheit ganz und gar aufgeben. Er stürzte seine Umgebung nicht in Hoffnungslosigkeit, wie das bei kämpfenden Kindern oft der Fall ist, sondern brachte es fertig, seinen irrigen Weg weiterzuverfolgen, indem er sich dieser Perioden von Reue und Zerknirschung bediente, die andere stets dazu veranlaßten, ihm eine weitere Chance zu geben und zu hoffen, daß „dieses Mal wirklich das letzte war". Das Trinken setzte zuweilen ein, wenn von ihm erwartet wurde, sich in Gesellschaft zu begeben und zuweilen, wenn er tatsächlich in Gesellschaft mit anderen oder auf einer Party war. Es tauchte auf, wenn die Erfüllung einer Aufgabe gefordert wurde oder wenn er einem Mädchen begegnete, das ihn als möglichen Ehemann betrachtete; und wenn er knapp bei Kasse war und seine Eltern ihm nicht schnell genug Geld überwiesen, nahm er ebenfalls sofort Zuflucht zum Trinken. Er war sich teilweise bewußt, welchen Gebrauch er von seiner Schwäche machte, doch er verstand ihre allgemeine Tendenz weder jemals als Flucht, noch war ihm klar, daß er stets bereit war, sich zu kompromittieren und unmöglich zu machen.

Sein offenkundiges Ziel war es, von jeder Pflicht verschont zu werden und allein aufgrund seiner selbst unterstützt zu werden. Egozentrisch und bar jeglicher sozialen Anpassung, hatte er sich nichtsdestoweniger durch Ausschaltung von Niederlagen ein Überlegenheitsziel gesetzt. Ihm drohte in der Gesellschaft keine Niederlage, weil er sich nicht in die Gesellschaft begab, ihm drohte bei der Arbeit keine Niederlage, weil er keiner Beschäftigung nachging, und keine Niederlage in der Liebe, weil er ihr auswich. Subjektiv triumphierte er über das Leben, lebte er es völlig nach seinen eigenen Vorstellungen, doch objektiv waren die Vorstellungen, die er sich machte, natürlich die schlimmstmöglichen.

Er ließ erkennen, daß er ein verzärteltes Kind gewesen war, das sich jeder Situation nur mit Hilfe elterlicher Unterstützung stellen wollte. Er war der einzige Junge unter drei Schwestern. Weil die Lehrer durch die Eltern dazu angehalten wurden, ihn zu verwöhnen, erhielt er eine sorgsame Erziehung und hatte an der Schule Erfolg. Als er den beschützten Jahren entwuchs, erschien das Leben ihm unmöglich, und folglich suchte er ihm zu entfliehen. Der Vater des Patienten trank regelmäßig, und er wußte von früher Kindheit an, daß diese Gewohnheit seine Mutter bekümmerte und der Vater ihre Gedanken mit Beschlag belegte. Einen Tag vor einer Schulprüfung trank er zum erstenmal. Seine Mutter war darüber sehr besorgt und glaubte, das Trinken sei ein vererbter Makel in seiner Anlage; in der Hoffnung, ihn zu heilen, wandte sie ihm größere Fürsorge zu. Um diesen Vorteil nicht zu verlieren, fuhr der Patient fort zu trinken.

Die früheste Erinnerung des Mannes bezog sich auf eine Zeit, als seine Eltern fort waren und ihn der Obhut seiner Großmutter überließen. Während dieser Zeit fühlte er sich verständlicherweise überhaupt nicht wohl. Als seine Großmutter ihn einmal tadelte, packte er einige seiner Habseligkeiten zusammen und rannte fort, worauf die Großmutter ihm nacheilen mußte. Zu diesem Zeitpunkt war er vier Jahre alt, und seine Erinnerung läßt seine lebensstiltypische Einstellung erkennen. Wann immer er sich nicht verwöhnt fühlte, flüchtete er sich ins Trinken. Alle neurotischen Menschen, die sich nach einem verzärtelten Lebensstil entwickelt haben, erwarten, anerkannt zu werden, *ehe* sie etwas sozial Wertvolles getan haben, statt *nachdem* sie es getan haben; sie erwarten folglich, daß der natürliche Lauf der Dinge zu ihren Gunsten umgekehrt wird.

Unser Patient mußte darin trainiert werden, sich in der größeren Umgebung der Welt zu Hause zu fühlen, und er mußte ermutigt werden, bis er es sich leisten konnte, die wirklichen und notwendigen Forderungen dieser Welt anzuerkennen. Wie ich bereits weiter oben gesagt habe, setzt dieses Vorgehen voraus, daß der Psychologe zwei mütterliche Funktionen übernimmt: erstens, das Vertrauen des Patienten als eines Mitmenschen zu gewinnen, und zweitens, dieses neue Vertrauen auf andere Menschen und auf die Vor- und Nachteile des wirklichen Lebens zu lenken. Seine Mutter hatte bei der zweiten Funktion versagt, und so fiel sie mir zu.

Zu Beginn der Behandlung bestand die Gefahr, daß er sich oder andere dadurch schädigte, daß er noch verzweifelter als je zuvor in die Sucht flüchtete, und folglich mußten Schritte unternommen werden, um ihn zu beobachten. Man kann keine Regel darüber aufstellen, wie dies am besten zu bewerkstelligen ist, doch was immer man auch tut, es muß mit Zustimmung des Patienten geschehen. Sonst würde der Patient den Arzt in der gleichen Art und Weise bekämpfen, wie er seine Eltern bekämpfte, nämlich durch Ausbeutung seiner Schwäche, das Trinken. Wenn es sich als notwendig erweist, ihn gegen seinen Willen unter Beobachtung zu halten – zum Beispiel in einer Heilanstalt –, sollte man ihn durch jemanden anders einweisen lassen. Der Arzt sollte auf keinen Fall in Konflikt mit ihm geraten, denn nur so kann er seinen Widerstand aus dem Wege gehen.

In Beziehung zur Natur als Ganzes befindet sich der Mensch in einer unterlegenen Position, so daß er gezwungen ist, sein Heil bei Taktiken und Tricks zu suchen. Besonders in unserer überintellektualisierten Kultur ist praktisch jedermann ein wahrer Meister in der Verwendung seiner individuellen Tricks, doch die wirklich wichtigen Verhaltensunterschiede liegen nicht in der individuellen Gescheitheit, sondern in der Nützlichkeit oder Unnützlichkeit. Mit nützlich meine ich die Interessen an der Menschheit im allgemeinen. Die treffendste Einschätzung des Werts einer Tätigkeit liegt in ihrer hilfreichen Bedeutung für die ganze Menschheit, der gegenwärtigen und zukünftigen, ein Kriterium, das nicht nur für das gilt, was der unmittelbaren Lebenserhaltung dient, sondern auch den höheren Tätigkeiten wie Religion, Wissenschaft und Kunst. Es ist zwar richtig, daß wir nicht immer entscheiden können, was von diesem Standpunkt aus letztlich wertvoll ist. Doch wir wissen, wann wir uns vom Impuls leiten lassen, nützlich zu handeln, und je besser ein Mensch sozial angepaßt ist, desto näher kommt er der richtigen Wahrnehmung. Ein Mensch, der sich auf dem Weg der Selbstisolierung und des Rückzugs befindet, kann vielleicht wertvolle Möglichkeiten erkennen oder sich zueigen machen, doch selbst dann hat die Gesellschaft erst einen Nutzen davon, wenn diese Möglichkeiten durch die sozial ausgerichtete Tätigkeit des betreffenden Menschen selbst oder anderer realisiert werden.

Ob eine gegebene Lebenslinie wirklich auf einen sozialen oder einen asozialen Impuls zurückgeht, zeigt sich in der Begegnung mit der Realität. Ein Leben kann sich, vielleicht in einem späteren Stadium, bemerkenswert gut oder schlecht entwickeln, und die Leute sind darüber erstaunt und versuchen es durch Zufall, vererbte Neigungen oder Schicksal zu erklären, wo doch in Wirklichkeit inhärente soziale oder antisoziale Gefühle in Verbindung mit dem Ziel des jeweiligen Menschen dafür verantwortlich sind. Und die unsozialen Tendenzen und Fehler, die wir bis in das frühe Lebensalter eines Kindes zurückverfolgen können, lassen sich auch im Verhalten einer ganzen Familie und im Denken eines Volkes beobachten. Wir können nur dann hoffen, diese Fehler zu vermeiden, wenn wir lernen, unser Gemeinschaftsgefühl zu verstärken, das allein uns vor wertlosen und schädlichen Handlungen bewahren kann.

Man kann den Wert eines verstärkten Gemeinschaftsgefühls kaum hoch genug veranschlagen. Der Geist vervollkommnet sich, denn Intelligenz ist eine gemeinschaftsbezogene Funktion. Das Gefühl für Bedeutung und Wert verstärkt sich und verleiht Mut und eine optimistische Auffassung, und wir können ein Gefühl der Einwilligung in die Vorteile und Rückschläge unseres Geschicks beobachten. Der einzelne fühlt sich im Leben zu Hause und hält seine Existenz für wertvoll, insofern er nützlich für andere ist und die gemeinsamen statt die privaten Minderwertigkeitsgefühle überwindet. Nicht nur die Ethik, auch die richtige Einstellung in ästhetischen Fragen, das richtige Verständnis von schön und häßlich, wird stets auf dem verläßlichsten Gemeinschaftsgefühl beruhen.

Wenn das Kind noch völlig in den Familienverband einbezogen ist, dürfte es nicht immer leichtfallen, sich Gewißheit darüber zu verschaffen, ob es Gemeinschaftsgefühl und nützliche Interessen entfaltet; das stellt sich erst dann mit Sicherheit heraus, wenn das Kind einer ersten neuen Situation gegenübersteht. Das ist im allgemeinen die Geburt eines Bruders oder einer Schwester oder der Eintritt in den Kindergarten oder in die Schule. In der einen oder anderen derartigen Situation besteht das Kind seine erste Prüfung in Lebenstüchtigkeit oder versagt. Ein Kind, das nicht zur Schule gehen will, unaufmerksam ist, wenn es in der Schule ist, nur schlecht mitarbeitet oder sich nicht mit seinen Schulkameraden zusammentun will, zeigt damit, daß es nicht richtig vorbereitet ist. Wenn ihm gestattet wird, einen solchen Lebensplan zu entwickeln, wird es höchstwahrscheinlich nicht in der Lage sein, seinen Platz in der Gesellschaft einzunehmen.

Die Neurose bietet dem Menschen, der unter ihr leidet, stets auch Entlastung und Erleichterung, allerdings natürlich nicht unter dem Blickwinkel der Objektivität und des common sense, sondern entsprechend der eigenen privaten Logik; sie verschafft ein Triumphgefühl oder lindert doch zumindest die Angst vor einer Niederlage. Folglich ist die Neurose die Waffe des Feiglings, und diese Waffe wird am meisten von Schwächlingen benutzt. Das stark maskierte aggressive oder rachsüchtige Element bei den meisten Neurosen ist kaum zu übersehen.

Mir ist ein Fall eines Medizinstudenten in Erinnerung, der Selbstmord begehen wollte; es war ein Mann von geringer Körpergröße, der folglich groß zu sein wünschte. Er war sehr verwöhnt worden von seiner Mutter, die mit einem Arzt verheiratet war, einem tyrannischen Ehemann, mit dem sie nicht glücklich war. Eines Tages stürzte die Köchin ins Zimmer, sie weinte und schrie, der Vater habe sie sexuell attackiert. Seit dieser Zeit geriet die Mutter immer tiefer in eine Depression und weinte unaufhörlich. Der junge Mann konnte dies nicht verstehen und bat mich, ihm den Grund zu erklären. Er hatte bereits seine Mutter gefragt, warum sie durch die Untreue eines Mannes, für den sie weder Zuneigung empfand noch vortäuschte, nur so depremiert sein könne. Doch sie unterbrach seine Frage und rief aus: „Das kannst du unmöglich verstehen!" Als ich nachforschte, ob das Verhalten des Vaters so brutal und ungehobelt wie zuvor sei, meinte der Student, im Gegenteil, er sei sehr ruhig, behutsam und rücksichtsvoll.

„Glauben Sie", fragte ich ihn darauf, „Ihre Mutter werde das einzige Mittel aufgeben, mit dem sie diesen Tyrann zähmen kann? Sie bezahlt den Preis dafür mit ihrer Depression, doch sie hat gleichzeitig das Gefühl, die Überlegene zu sein. Sie tun etwas sehr Ähnliches. Sie waren der Liebling ihrer Mutter, doch nun leben Sie allein in einer fremden Stadt, ohne die Aufmerksamkeiten Ihrer Mutter, die so eifrig damit beschäftigt ist, Ihren Vater zu zähmen. Sie schaffen Ihre Arbeit an der Universität nicht und sind nicht darauf vorbereitet, unabhängig zu leben, und so möchten Sie auf Ihre Mutter Eindruck machen mit Ihren Selbstmordneigungen, genauso wie Ihre Mutter Ihren Vater mit ihrer Depression beeindruckt. Sie sind, wie viele verzärtelte Kinder, darauf trainiert worden, Erfolg zu haben, indem Sie Schwäche zur Schau stellen."

Bei der Erforschung eines neurotischen Lebensstils sollten wir stets auf einen Gegenspieler gefaßt sein und uns klarmachen, wem der Zustand des Patienten am meisten Leid zufügt. Gewöhnlich ist dies ein Familienmitglied und bisweilen ein Mensch des anderen Geschlechts, doch es kommen auch Fälle vor, in denen die Krankheit einen Angriff auf die Gesellschaft als Ganzes darstellt. In der Neurose steckt immer dieses Element versteckter Anklage, ein Gefühl des Patienten, als sei er seines *Rechts* – das heißt des Mittelpunkts der Aufmerksamkeit – beraubt worden, und er möchte die Verantwortung dafür und die Schuld bei jemandem festmachen. Durch solche heimliche Rache und Anklage, durch Verweigerung sozialer Aktivität bei gleichzeitigem Kampf gegen Menschen und Regeln, finden das Problemkind und der Neurotiker Erleichterung in ihrer Unzufriedenheit. In manchen Fällen ist das Rachemotiv ziemlich offenkundig, wie bei einer von mir behandelten neurotischen Frau, deren Ehe ganz und gar unglücklich war, die sich dennoch nie von ihrem Mann hätte scheiden lassen, weil sie lieber eine ständige Anklage gegen ihn sein wollte. Es muß in diesem Zusammenhang freilich daran erinnert werden, daß Neurotiker im allgemeinen, genauso wie Perverse, Trunksüchtige und Drogenabhängige, ihr Gemeinschaftsgefühl nie völlig leugnen, ein Gefühl, das sie vor Verbrechen und Selbstmord bewahrt.

6. Neurotischer Gebrauch von Emotionen

Depressionen, wenn alles gut geht

Ein seltsamer Fall von Depression, den ich einmal behandelt habe, zeigt ganz deutlich, wie Schwermut dazu verwandt werden kann, das Überlegenheitsgefühl zu stärken. Es handelte sich um einen Mann von 50 Jahren, der erklärte, er fühle sich vollkommen gesund, ausgenommen wenn er sich in einer besonders angenehmen Situation befinde. Wenn er zum Beispiel mit seiner Familie ein Konzert oder ein Theater besuchte, konnte es geschehen, daß ihn ein Anfall von Melancholie überfiel, und in einer solchen Depression erinnerte er sich stets an einen guten Freund, der gestorben war, als er 25 Jahre alt war. Dieser Freund war sein Rivale gewesen, sowohl im Geschäft wie auch als Bewerber um die Hand seiner Frau, ein erfolgloser Bewerber und Rivale freilich, denn zu der Zeit, als sich der Freund eine schwere Krankheit zuzog, war mein Patient ihm in der Liebe wie im Geschäft überlegen gewesen.
Der Erfolg fiel ihm zu, sowohl vor wie nach dem Tode seines Freundes; er war der Liebling seiner Eltern, unübertroffen von Brüdern und Schwestern, und machte sein Glück in der Welt. Seine Frau jedoch war ein ehrgeiziger Charakter, die jedes häusliche Problem durch einen persönlichen Triumph oder Sieg, sei es moralisch oder sonstwie, zu lösen suchte. Zwischen zwei solchen Menschen herrschte natürlich ein ständiger erbitterter Kampf. Die Frau übernahm gelegentlich ganz klar die Führung, nicht indem sie auf irgendeine Weise Streit suchte oder eine dominierende Stellung anstrebte, sondern dadurch, daß sie in ungünstigen Situationen sehr nervös wurde und ihren Mann durch ihren Leidenszustand besiegte. Sie äußerte nie ihre unmäßige Eifersucht, sondern suchte ihn durch Angstanfälle an sich zu fesseln, wenn es nötig war. Der Mann, erfolgreich, wie er in allen außer in einer Lebensbeziehung war, fühlte sich folglich unsicher, ob

er sein Überlegenheitsziel erreicht hatte, und sein übermäßiger Ehrgeiz verlangte nach Kompensation.

Viele Psychologen würden, wie ich weiß, nach einem „Schuldkomplex" suchen, um diese Depression zu erklären. Sie würden die Kindheit des Patienten durchforschen, um einen ganz klaren Wunsch bei ihm zu entdecken, jemanden zu töten, wahrscheinlich seinen Vater. Unser Patient war jedoch der Liebling seines Vaters gewesen, und es hatte nicht der geringste Grund bestanden, warum er seinen Tod hätte wünschen sollen, denn er hatte ihn stets nach seinen eigenen Interessen zu lenken und zu manipulieren gewußt. Solch eine fehlgesteuerte Suche nach einem „Schuldkomplex" könnte einen Psychologen auch zu der Annahme verleiten, der Patient habe heimlich gewünscht, seinen Freund und Rivalen zu ermorden, und nachdem er über ihn triumphiert habe und sein Todeswunsch schicksalhaft in Erfüllung gegangen sei, sei er weiterhin unzufrieden gewesen. Wenn dem so wäre, hätte sich der Schuldkomplex daraus entwickeln können, daß der Patient bestrebt war, sich in einem besseren Licht zu sehen. Er würde seine guten Gefühle und seine Sympathie für seinen früheren Rivalen mit größter Aufrichtigkeit und Ehrlichkeit zum Ausdruck bringen wollen, doch zur gleichen Zeit wäre er erschüttert durch die Erinnerung an das schicksalhafte Ende seines Rivalen und an die Gedanken, die er vor diesem Geschehen nicht hatte von sich weisen können. Dies würde zu dem komplizierten Zustand gleichzeitiger Selbstanklage und Reue führen, zu einem Zustand, den wir als Schuldkomplex bezeichnen und der immer ein Überlegenheitsstreben auf der unnützlichen Seite des Lebens darstellt. Wie ich bereits erklärt habe, bedeutet dies, in Worte gekleidet: „Ich habe den Gipfel des Irrtums erklommen" oder: „Meine Tugend ist so erhaben, daß dieser kleine Fleck darauf mich umbringt."

In meinem Fall jedoch fand ich keinen solchen Hinweis, und die Art und Weise, wie der Mann Ehrlichkeit als Tugend einschätzte, war keineswegs abnorm entwickelt. Seine Depressionen waren der Versuch, sich seiner Frau gegenüber als überlegen zu erweisen. In entspannten Situationen depressiv zu sein, zog viel mehr Aufmerksamkeit auf sein glückliches Geschick, als wenn er sich gestattet hätte, diese Situation zu genießen. Jedermann war über seine Depression überrascht, und er fragte sich beständig: „Du glücklicher Mensch, *warum* bist du deprimiert, wenn du alles hast, was du dir wünscht?" Die unzugängliche Frau war der einzige Kummer in seinem angenehmen Leben, und er kompensierte diesen Kummer, indem er sich an *seinen Sieg* in der schwierigsten Phase seines Lebens *erinnerte*, an die Zeit nämlich, als er seinen Freund überflügelt und ihm die Frau weggenommen hatte. Redlichkeit verbot ihm, sich an der Erinnerung des toten Freundes zu erfreuen, doch er konnte sich dennoch an seinem alten Triumph weiden, indem er in der Theaterloge in eine Depression geriet. Je melancholischer er war und je auffälliger die Gelegenheit, die sich ihm bot, desto stärker konnte er an seinen vergangenen Sieg denken und das Bewußtsein seines Ranges genießen. Eingehendere Nachforschungen bestätigten meine Schlußfolgerung. Sein Freund war infolge einer Paralyse nach einer Syphilis gestorben, nach einer Krankheit, die sie sich beide zur gleichen Zeit zugezogen hatten. Mein Patient genas jedoch, und nun konnte er, umgeben von seiner gesunden Frau und seinen sechs Kindern, nicht anders, als sich zusammen mit seinem Triumph über den Freund an seinen Sieg über die Krankheit zu erinnern.

Derart also waren seine Tröstungen. In seiner Ehe fühlte sich der Mann nicht überlegen, doch zumindest war seine Frau diejenige, die sein Freund begehrt hatte, und sie hatte statt dessen ihn gewählt. Indem er über die Tragödie seines Freundes in geheimer Schwermut nachdachte, verstärkte er noch sein Gefühl des Sieges. Tröstung dieser Art spielt sich jedoch auf der unnützlichen Seite des Lebens ab, und wie wir gesehen haben, führt sie leicht zur Krankheit.

Polygame Wünsche im Gefolge von Impotenz

Ein Mann von sechsunddreißig Jahren suchte bei mir nach verschiedenen vergeblichen Behandlungen Rat und Hilfe wegen seiner sexuellen Impotenz. Er war ein Selfmademan, hatte eine gute Position und war körperlich gesund, doch seine Bildung ließ zu wünschen übrig; dazu war er mit einer wohlerzogenen und gebildeten jungen Frau eine Liebesbeziehung eingegangen. Er war das zweite Kind zwischen zwei Schwestern und hatte seine beiden Eltern verloren, als er fünf

Jahre alt war. Er erinnerte sich daran, daß seine Familie sehr arm gewesen war; er sei aber ein verzärteltes Kind gewesen, sehr hübsch und brav, ein Kind, das die Nachbarn gern mit Geschenken verwöhnten. Diese Großzügigkeit habe er ausgebeutet, indem er sich wie ein Bettler verhalten habe. Eine seine frühesten Erinnerungen hatte zum Inhalt, daß er an Heiligabend durch die Straßen ging und in den Geschäftsauslagen Weihnachtsbäume anschaute, die *für andere* bestimmt waren. In dem Waisenhaus, das ihn nach dem Tod seiner Eltern aufnahm, wurde er zwar streng behandelt, doch seine gewohnheitsmäßige Fügsamkeit und seine Strebernatur, die er als zweites Kind angenommen hatte, ermöglichten es ihm, andere zu überrunden. Seine Unterwürfigkeit kam ihm zustatten, denn er wurde zum Hauptdiener der Anstalt befördert. In dieser Eigenschaft hatte er gelegentlich längere Zeit an einer alten, verlassenen Eisenbahnstation auf dem Lande zu warten, und bei diesen Gelegenheiten, als lediglich das Summen der Telegraphendrähte die tödliche Stille der Nacht ein wenig belebte, fühlte er sich äußerst isoliert und verlassen in einer freudlosen Welt. An diese Erlebnisse hatte er sich starke Erinnerungen bewahrt.

Im späteren Leben beklagte er sich häufig über ein Summen in den Ohren, für das kein Ohrenarzt eine Ursache finden konnte. Es zeigte sich jedoch, daß diese Erscheinung mit seinem Lebensstil durchaus übereinstimmte. Wenn er sich isoliert fühlte, was sehr häufig der Fall war, kehrte die Erinnerung an die summenden Drähte mit der ganzen Lebhaftigkeit einer Halluzination zurück. Das Summen verschwand, als ihm eine Erklärung dafür geboten wurde und er ein wenig sozialen Frieden und Ermutigung gefunden hatte, seine Freundin zu heiraten.

Bei Kindern, die in einem Waisenhaus groß wurden, ist es ganz üblich, daß sie die stärksten Anstrengungen unternehmen, diese Tatsache zu verheimlichen, als wäre es eine Schande. Dieser Mann begründete sein Verschweigen damit, daß viele Waisenkinder, wie er versicherte, in ihrem späteren Leben keinen Erfolg haben. Fehler im Leben betrachtete er als unvermeidliches Schicksal von Waisenkindern, und dies gab ihm seine angespannte und strebsame Haltung im geschäftlichen Leben. Aus dem gleichen Grunde wich er vor dem Problem von Liebe und Ehe zurück, und seine neuro-

tische Impotenz war das unmittelbare Ergebnis seines tiefsitzenden Zögerns.

Der Lebensstil des Mannes lag, wie wir gesehen haben, darin,
ein Bettler zu sein. Im Geschäftsleben jedoch (wie zuvor im
Waisenhaus) hatte Betteln ihm den Weg zur Herrschaft
geebnet. Im Geschäft schätzte er nichts so sehr wie eine
Bettler-Haltung auf Seiten seiner Untergebenen. Er war nur
so lange Bettler, bis er schließlich Sieger war, und er spielte die
zweite Rolle genauso inbrünstig wie die erste. Es besteht
keinerlei Notwendigkeit, den Begriff der „Ambivalenz” her-
anzuziehen, wie es manche Psychologen sofort tun würden.
Richtig verstanden, ist der ganze psychische Prozeß – sich
von unten nach oben zu arbeiten, Minderwertigkeit zum
Ausdruck zu bringen, sie aber durch Überlegenheit zu kompensieren – nicht von Ambivalenz geprägt, sondern bildet
eine dynamische Einheit. Nur wenn er nicht als Ganzheit
verstanden wird, erkennen wir zwei widersprüchliche, sich
bekriegende Einheiten. Im Geschäftsleben sehen wir den
Mann mit einem „Überlegenheitskomplex”, doch wenn er
seine Position verlöre und neu zu beginnen hätte, würde er
sich sofort wieder auf den Ausdruck von Minderwertigkeit
verlegen und sein Kapital daraus schlagen. Hinsichtlich des
Liebesproblems befand er sich gegenwärtig auf der unterwürfigen Handlungslinie; er bettelte nach Liebe, versuchte jedoch gleichzeitig die Herrschaft zu erringen. Seine Geliebte
mochte ihn und wollte ihn heiraten, und so beantwortete sie
sein Zögern damit, daß sie ihm gegenüber mehr und mehr
eine Bettler-Haltung einnahm! Er war tatsächlich durchaus
auf dem Wege, die Oberhand über sie zu gewinnen, und es
gelang ihm auch häufig bei kleineren Dingen.

Er hat seine zögernde Attitude noch nicht überwunden, doch
seit ihm sein Lebensstil erklärt und er ermutigt worden ist, hat
sich sein Zustand gebessert und seine Impotenz ist ver-
schwunden. Anschließend hat er einen zweiten Widerstand
aufgerichtet, der zum Inhalt hat, daß ihn jede Frau anzieht,
und diese polygamen Wünsche waren eine Flucht vor der
Ehe. Zu diesem Zeitpunkt träumte er, er läge in meinem
Zimmer auf einer Couch, würde sexuell erregt und hätte eine
Pollution.

In meinem Sprechzimmer steht aber keine Couch. Meine
Patienten sitzen, stehen oder gehen umher, wie es ihnen

gefällt. Doch die Couch stand im Sprechzimmer eines Arztes, der den Patienten früher einige Monate lang behandelt hatte. Der Traum führte zu einem Geständnis, das der Patient niemals zuvor über die Lippen gebracht hatte. Er glaubte nämlich, sowohl der frühere Arzt wie auch ich gehörten einer Geheimgesellschaft an, deren Ziel es wäre, Patienten wie ihn dadurch zu heilen, daß sie ihnen zu Geschlechtsverkehr verhalf. Aus diesem Grunde hatte er versucht herauszufinden, welche meiner Patientinnen für ihn ausgewählt würde. Die Tatsache, daß er in meinem Zimmer eine Couch vermißte, war wie eine Anklage gegen mich. Ich war nicht der richtige Arzt. Er war *bettelnd* zu mir gekommen, erwartete, daß ich seine Schwierigkeiten beseitigte und ihm dabei helfen würde, der Ehe zu entkommen. Mein geheimes Einverständnis bei der Vereitelung seiner Ehe bestand darin, sein Kuppler zu werden, wenn es sein mußte, eine Phantasie, zu der seine Angst, seine Impotenz und seine polygamen Wünsche allesamt beitrugen. Wenn dies mißlingen sollte, würde er seine Sexualprobleme durch Pollutionen lösen, so wie andere unter Umständen ihre Zuflucht bei Masturbation oder Perversion suchen.

Er ging zwar die Ehe ein, doch es war schwierig, ihn davor zu bewahren, gegenüber seiner sanften, versöhnlichen Frau eine tyrannische Haltung einzunehmen.

Der Bettler als König

Ein weiteres Beispiel für die Bettler-Haltung verdanke ich einem Mann von fünfzig Jahren, dem jüngsten Kind einer sehr armen Familie. Er war wegen einer offenkundigen Schwäche von seiner Mutter und den Nachbarn verwöhnt worden und hatte früh eine äußerst furchtsame Verhaltensweise entwickelt. Er suchte stets Halt bei seiner Mutter und appellierte an die Sympathien schwacher Menschen, vor allem in schweren Zeiten, wenn er unter starken Depressionen litt und weinte, bis ihm Hilfe zuteil wurde. Wir haben bereits gesehen, welchen Gebrauch Kinder wie Erwachsene vom Weinen machen. Die früheste Erinnerung dieses Mannes hatte zum Inhalt, daß er zu Boden gestürzt war und sich eine Verletzung zugezogen hatte. Daß er diesen Zwischenfall aus

all den möglichen Erinnerungen im Gedächtnis behielt, erklärt sich nur durch seinen Wunsch, sich in aller Deutlich-
keit die Gefahren des Lebens vor Augen zu führen. Seine
Lebenstechnik bestand darin, sich in der Rolle eines Bett-
lers zu vervollkommnen, Hilfe auf sich zu ziehen sowie Trost
und Zuneigung zu gewinnen, indem er die allgemeine Aufmerksamkeit auf seine Schwächen und Unzulänglichkeiten
lenkte. Jeder Vorfall wurde in einen Anlaß für Tränen
verwandelt.

Als Kind war der Mann beim Sprechenlernen sehr zurückge-
blieben, und seine Mutter mußte sich, wie es in solchen Fällen
immer zu geschehen pflegt, um so sorgsamer um ihn kümmern, um herauszufinden, was er wünschte. Auf diese Weise
konnte er sich wie ein kleiner König fühlen. Wie Lessing
einmal meinte: „Der wahre Bettler ist der einzig wahre
König." Er wurde ein Meister in der Bettelkunst, der seine
Minderwertigkeit in der Macht seines Einflusses über andere
zum Ausdruck brachte. „Wie kann ich das arme schwache
Kind zum König machen?" das war das Lebensproblem, wie
er es sah, und er beantwortete die Frage, indem er seinen
individuellen Lebensstil verfeinerte, der im wesentlichen ein
Bettelstil war.

Dieses ist eine Lebensform, und ein Lehrling wird so früh ein
Meister in dieser Technik. Er wird sich erst dann ändern,
wenn die Kosten ganz eindeutig zu groß werden, das heißt,
wenn er etwa erkennen muß, daß seine kindische Methode
dem gegenwärtigen Problem nicht angemessen ist. Eine
anderweitige Änderung ist für ihn nicht möglich, denn er hat
in seinem ganzen Leben jeden Erfolg seiner Bettelkunst
zugeschrieben und jeden Fehlschlag ihrer unzulänglichen
Verwirklichung. Solch ein Ziel wie dieses ist durch Vererbung
oder Umweltreize nicht zu erklären, denn der Hauptfaktor
ist die persönliche Zukunftsvorstellung des Kindes; die Vorstellung unseres Patienten war dergestalt, daß er jedesmal,
wenn er Überlegenheit erlangen wollte, einen Fehler machen
oder sich in irgendwelche Unannehmlichkeiten bringen mußte. All seine Gefühle waren so ausgerichtet, daß sie dem Ziel,
auf diese Weise etwas für nichts zu bekommen, entsprachen
und mit ihm in Einklang standen.

Nach einigen Tagen Behandlung war der Mann durch das,
was ich ihm erklärte, sehr beeindruckt, und er schickte mir

eine Broschüre, die er einige Jahre zuvor verfaßt hatte. Sie trug den Titel „Ein Bettler-Verein".

Gewohnheitsmäßige Kritik, Wut und Neid sind Anzeichen für ein unnützliches Überlegenheitsstreben; sie sind Regungen mit dem Ziel, andere zu unterdrücken, sei es in der Realität oder in der Phantasie, und auf diese Weise überlegen dazustehen. Nützliche Kritik in konstruktiver Absicht steht immer in umfassender Beziehung zum Gemeinschaftsgefühl, doch wo das Motiv lediglich auf Selbsterhebung durch Erniedrigung und Entwertung anderer bezogen bleibt, darf die Absicht als neurotisch gelten. Neurotiker machen häufig Gebrauch von der Wahrheit, um andere Menschen abzuwerten, und es ist wichtig, wenn man eine neurotische Kritik untersucht, das Wahrheitselement dabei nicht zu übersehen.

Wut ist gewöhnlich ein Zeichen dafür, daß der wütende Mensch sich im Nachteil fühlt, zumindest zeitweilig. Neurotiker benutzen Wut offen als Waffe, um jene Menschen einzuschüchtern, die für sie verantwortlich sind. Wenngleich gelegentliche Wut in bestimmten heiklen Beziehungen eine verständliche Reaktion ist, so ist sie doch, wenn sie gewohnheitsmäßig auftritt, ein Zeichen von Angst, Ungeduld oder von Gefühlen der Hilflosigkeit oder Unterdrückung. Patienten mit dieser Haltung sind häufig sehr schlau in der Wahl wunder Punkte, wenn sie andere Menschen angreifen wollen, und sie sind auch große Strategen, wenn es gilt, Situationen so vorzubereiten, daß sie andere leicht ins Unrecht setzen können, noch ehe sie zu kämpfen beginnen.

Neid ist allgemein ein Ausdruck von Minderwertigkeit, wenngleich er manchmal ein Reiz zu nützlichen Handlungen sein mag. Bei Neurosen jedoch führt Neid auf die Habe eines anderen nicht zu praktischem Wetteifer. Er bleibt stehn wie eine Straßenbahn vor dem Ende der Reise und läßt den Patienten gereizt und depressiv zurück.

In manchen Zirkusveranstaltungen tritt der „starke Mann" auf und hebt mit Bedacht und ungeheurer Mühe ein gewaltiges Gewicht hoch, und dann, während die Zuschauer begeistert Beifall klatschen, kommt ein Kind auf die Bühne und deckt die Täuschung auf, indem es die Gewichtsattrappe mit einer Hand fortträgt. Es gibt viele Neurotiker, die uns mit solchen Gewichten beschwindeln und die alles fertigbringen, um überbelastet zu erscheinen. In Wirklichkeit könnten sie tanzen mit der Last, unter der sie wie Atlas, der die Welt auf seinen Schultern trägt, hin und herschwanken. Doch läßt es sich nicht leugnen, daß Neurotiker ihre Last sehr schmerzlich empfinden. Sie sind unter Umständen fortwährend müde und erschöpft. Bisweilen schwitzen sie sehr stark, und ihre Symptome legen womöglich den Verdacht nahe, sie hätten eine Tuberkulose. Jede Bewegung ist sehr anstrengend, häufig leiden sie auch unter Herzklopfen. Meistens depressiv, fordern sie von anderen immer aufopferndere Pflege und finden sie trotzdem immerfort unzureichend.

Platzangst: Meiden von Menschen

Bei einem Mann von dreiundfünfzig Jahren hatte ich einen Fall von Platzangst (Agoraphobie) zu behandeln; er gab an, er könne in Gesellschaft mit anderen Menschen nicht richtig atmen. Er lebte mit seiner Schwester zusammen und hatte einen Sohn, dessen Eigenschaften und Verhaltensweisen den seinen ganz ähnlich waren. Als ich die Gründe dafür untersuchte, warum der Mann sich so ungewöhnlich stark auf sich selbst konzentrierte, fand ich heraus, daß er im Alter von zehn Jahren beide Eltern verloren und daß er zu Hause noch zwei ältere Brüder gehabt hatte. Seinen ersten Anfall erlebte er, als die Brüder sich zerstritten. Das weist auf die Neigung hin, einer schwierigen Situation mit einem Zusammenbruch zu begegnen. Der Mann war der Jüngste in einer Familie von acht Personen und wurde von seinem Großvater erzogen. Großeltern sind fast immer verwöhnende Pflegeeltern. Der Vater und die Mutter des Patienten waren glücklich verheiratet gewesen; der Vater war überlegen, die Mutter ziemlich kühl, so daß der Junge sich zu seinem Vater hingezogen fühlte. Die Menschen sind häufig nicht in der Lage, sich genau an ihre frühesten Lebenssituationen zu erinnern, doch Erfahrung versetzt uns in den Stand, ihre Lebensumstände aus vergleichsweise geringfügigen Hinweisen zu erschließen. Der Mann erklärte, er könne sich nur an drei Vorfälle aus seiner frühesten Kindheit erinnern, die sich seinem Gedächtnis tief eingeprägt hätten. Das erste Ereignis fiel in sein drittes Lebensjahr, als sein Bruder starb. Am Tage des Begräbnisses war er mit seinem Großvater zusammen, und als seine Mutter, traurig und schluchzend, vom Friedhof zurückkehrte, küßte der Großvater sie, flüsterte ihr freundliche und tröstende Worte zu, und dann sah der Junge, wie die Mutter ein wenig lächelte. Darüber war er sehr aufgebracht, und über lange Zeit hin nahm er es seiner Mutter übel, daß sie an dem Tage, als ihr Kind beerdigt worden war, gelächelt hatte. Als zweites erinnerte er sich an einen freundlichen Tadel seines Onkels, der ihn gefragt hatte: „Warum bist du immer so grob zu deiner Mutter?" Die dritte Erinnerung aus derselben Lebensperiode bezog sich auf einen Streit zwischen seinen Eltern, nach dem er sich an seinen Vater gewandt und ihm erklärt hatte: „Du warst sehr tapfer, Vati, ganz wie ein Soldat!" Von seinem Vater war er sehr abhängig und war von ihm verzärtelt worden; stets hatte er seinen Vater mehr bewundert als seine Mutter, obgleich ihm klar war, daß der Charakter seiner Mutter von besserer Art war als der seines Vaters.

All diese Erinnerungen, die aus der Zeit zwischen seinem dritten und vierten Lebensjahr zu stammen scheinen, lassen eine kämpferische Einstellung zu seiner Mutter erkennen. Die erste und die zweite Erinnerung waren ganz deutlich von seinem Ziel bestimmt, nämlich die Mutter zu kritisieren und sich dadurch zu rechtfertigen, daß er sich seinem Vater zuwandte. Der Grund dafür, daß er sich von seiner Mutter abkehrte, läßt sich leicht erraten: Er war durch sie vielzu sehr verwöhnt worden, als daß er in der Lage gewesen wäre, sich mit dem Erscheinen seines Bruders auf dem Schauplatz abzufinden – desselben Bruders, der auf offensichtlich unschuldige Weise in der ersten Erinnerung auftritt.

Dieser Patient hatte im Alter von vierundzwanzig Jahren geheiratet, doch aufgrund der Forderungen, die seine Frau an ihn stellte, war er von der Ehe enttäuscht. Die Ehe zwischen zwei verzärtelten und verwöhnten Kindern verläuft stets unglücklich, weil beide in der Einstellung zu nehmen verharren und keiner von ihnen zu geben beginnt. Unser Mann machte die unterschiedlichsten Erfahrungen und versuchte erfolglos verschiedene berufliche Tätigkeiten. Seine Frau war wenig verständnisvoll und klagte, sie wolle lieber die Geliebte eines reichen Mannes als die Frau eines armen sein, und so endete ihre Bindung mit der Scheidung. Obgleich der Mann nicht wirklich arm war, verhielt er sich seiner Frau gegenüber sehr knauserig, und sie trennte sich von ihm aus Rache.

Nach der Scheidung wurde er zum Frauenfeind und entwickelte homosexuelle Neigungen; zwar hatte er keine tatsächlichen Beziehungen zu Männern, doch er verspürte den Wunsch, Männer in den Arm zu nehmen. Dieser homosexuelle Zug war wie gewöhnlich eine Form der Feigheit. Er war zweimal durch Frauen hintergangen und getäuscht worden – das erste Mal durch seine Mutter und später dann durch seine Frau –, und so suchte er jetzt seine Sexualität Männern zuzuwenden, um auf diese Weise Frauen und weiteren Möglichkeiten der Erniedrigung zu entgehen. Um sich in einer solchen Neigung zu bestätigen, kann ein Mensch ohne weiteres die Vergangenheit verfälschen, indem er sich bestimmter allgemeiner Erlebnisse erinnert, deren Bedeutung übertreibt und sie sodann als Beweis für angeborene sexuelle Tendenzen nimmt. So erinnerte sich unser Patient, daß er sich in einen Lehrer verliebt hatte und daß er in der Jugend von einem Freund zu gegenseitiger Masturbation verführt worden war.

Der bestimmende Faktor im Verhalten dieses Mannes lag darin, daß er ein verwöhntes Kind war, das alles nehmen wollte, ohne etwas zu geben. Seine Platzangst war auf der einen Seite das Ergebnis seiner Angst davor, Frauen zu begegnen, auf der anderen Seite war es für ihn auch gefährlich, Männer zu treffen, nämlich aufgrund der möglichen erotischen Hinwendung zu ihnen. Bei diesen gespannten Gefühlen, das Haus zu verlassen oder nicht, entwickelte er Magen- und Atembeschwerden. Viele nervöse Menschen beginnen nach Luft zu schnappen, wenn sie in einen Spannungszustand geraten, und das verursacht Blähungen, Magenbeschwerden, Angst und Herzklopfen und wirkt sich außerdem auf die Atmung aus. Als ich ihm klarmachte, daß er sich in dieser Verfassung befand, stellte er mir die übliche Frage: „Was soll ich tun, um nicht nach Luft zu schnappen?" Bisweilen antworte ich: „Ich kann Ihnen zwar sagen, wie man ein Pferd besteigt, doch ich kann Ihnen nicht sagen, wie man ein Pferd *nicht* besteigt." Oder manchmal gebe ich auch die Erklärung: „Wenn Sie nach draußen gehen wollen und darüber in einen

Konflikt geraten, schnappen Sie schnell nach Luft. "Wie manche andere Patienten auch schluckte dieser Mann sogar im Schlaf nach Luft, doch nach meinem Ratschlag begann er sich zu kontrollieren und konnte seine Gewohnheit aufgeben. Luftschnappen bei Nacht und Erbrechen nach dem Aufwachen treten bei Patienten auf, die unter Magenbeschwerden leiden und in Angst geraten, wenn sie sorgenvoll über Schwierigkeiten nachgrübeln, denen sie sich tags darauf stellen müssen. Der genannte Patient begann zu genesen, als er allmählich verstand, daß er als verzärteltes Kind erwartet hatte, ständig zu nehmen, ohne zu geben. Jetzt begann er zu begreifen, daß er zunächst sein normales Sexualleben eingestellt und nach etwas Leichterem Ausschau gehalten und anschließend eine erfundene Homosexualität angenommen hatte, nur um auch hier zurückzuweichen, sobald sich Gefahr zeigte; ihm ging auf, daß der ganze Prozeß eine ausgeklügelte Art war, sich zum Stehenbleiben zu bringen. Das letzte Hindernis, das beseitigt werden mußte, war seine Angst davor, sich mit Fremden einzulassen, die sich nicht um ihn kümmerten, wie etwa die Leute auf der Straße. Diese Angst wird hervorgerufen durch den tieferen Beweggrund der Platzangst, nämlich alle Situationen zu vermeiden, in denen man nicht im Mittelpunkt der Aufmerksamkeit steht.

7. Die Familienkonstellation

Es ist eine weitverbreitete falsche Annahme, daß Kinder
derselben Familie auch in derselben Umwelt aufwachsen.
Natürlich ist in ein und demselben Haus für alle vieles gleich,
doch die psychische Situation jedes Kindes ist individuell und
unterscheidet sich insbesondere aufgrund der Geburtenfolge
von der der anderen Kinder.

Meine Gepflogenheit, gemäß der Position in der Familie zu
klassifizieren, ist einigen Mißverständnissen ausgesetzt gewesen. Natürlich beeinflußt nicht der Rang des Kindes in der
Geburtenfolge seinen Charakter, sondern die Situation, in die
hinein es geboren wird. Wenn also das älteste Kind schwach-
sinnig oder unterdrückt ist, kann das zweitgeborene Kind
durchaus einen Lebensstil annehmen, der dem eines ältesten
Kindes ähnlich ist, und wenn in einer großen Familie zwei
Kinder viel später als die übrigen geboren werden und von
den älteren Kindern getrennt aufwachsen, entwickelt sich das
ältere dieser beiden unter Umständen wie ein erstes Kind. Das
geschieht gelegentlich sogar bei Zwillingen.

Das erste Kind besitzt die einzigartige Position, anfangs allein
gewesen zu sein. Dadurch steht es im Mittelpunkt des
Interesses und wird im allgemeinen verwöhnt. Darin ähnelt es
dem einzigen Kind; in beiden Fällen ist Verwöhnung fast
unvermeidlich. Das erste Kind macht jedoch eine wichtige
Situationsänderung durch, insofern es entthront wird, wenn
das zweite Kind zur Welt kommt. Das Kind ist gemeinhin auf
diesen Wechsel ganz unvorbereitet und hat das Gefühl, seine
Position als Mittelpunkt von Liebe und Zuwendung verloren
zu haben. Daraufhin entsteht in ihm eine starke Spannung
und das Bestreben, die Gunst der früheren Situation zurück-
zugewinnen. Es setzt all die Mittel ein, mit denen es bis dahin
Aufmerksamkeit auf sich gezogen hat. Natürlich würde es am
liebsten das Beste daraus machen und sich so verhalten, daß es
für sein gutes Wesen geliebt wird, doch das dürfte mit
ziemlicher Sicherheit nicht beachtet werden, wenn sich jeder-

mann um den Neuankömmling kümmert. Und dann wird es wahrscheinlich seine Taktik ändern, wird zu alten Aktivitäten zurückkehren, mit denen es sich gar unangenehme Aufmerksamkeit zugezogen hatte, und wird sie immer mehr verstärken. Wenn es intelligent ist, wird es intelligent vorgehen, allerdings nicht in Einklang mit den Forderungen der Familie. Widerborstigkeit, Ungehorsam, Angriffe gegen das Baby oder sogar Versuche, wieder die Rolle eines Babys zu spielen, zwingen seine Eltern, sich über es Gedanken zu machen. Es muß im Rampenlicht stehen, selbst um den Preis, sich schwach zeigen zu müssen oder die Rückkehr zum Säuglingsalter vorzutäuschen. Hypnotisiert durch die Vergangenheit, erreicht es auf diese Weise sein Ziel in der Gegenwart durch ungeeignete Methoden: dadurch, daß es plötzlich nicht mehr in der Lage ist, allein zurechtzukommen, daß es beim Essen und auf der Toilette Hilfe braucht, daß es erforderlich wird, es ständig zu überwachen, oder daß es Besorgnis dadurch auslöst, daß es sich in Gefahr begibt und die Eltern in Schrecken versetzt. Das Auftreten von Eigenarten wie Eifersucht, Neid oder Egoismus steht in erkennbarer Beziehung zu den Umständen, doch es kann sich auch Krankheiten wie Asthma oder Keuchhusten hingeben – oder sie verlängern. Die innere Spannung kann bei bestimmten Charakteren Kopfschmerzen, Migräne, Magenbeschwerden, Petit mal und hysterische Chorea auslösen. Mildere Symptome äußern sich als erschöpftes müdes Aussehen oder als allgemeiner Verhaltenswandel zum Schlechteren hin, mit denen das Kind Eindruck auf seine Eltern zu machen sucht. Je später der Rivale, das Baby, geboren wird, desto intelligenter und verständlicher wird natürlich die Verhaltensänderung des erstgeborenen Kindes sein. Wenn das älteste Kind sehr früh entthront wird, dürften seine Anstrengungen instinktiverer Natur sein. Der Stil seines Bestrebens wird auf jeden Fall durch die Reaktionen anderer Menschen in seiner Umgebung mitbedingt und auch durch die Art und Weise, wie es diese Reaktionen sieht und einschätzt. Wenn das entthronte Kind beispielsweise findet, daß es in einem Kampf gewinnen kann, wird es ein kämpfendes Kind werden; wenn das Kämpfen sich nicht auszahlt, verliert es womöglich die Hoffnung, wird depressiv und mag es als Erfolg ansehen, wenn es die Eltern in Sorge und Schrecken versetzt; das wiederum kann es veranlassen, sich auf noch raffiniertere Weise des Unglücks zu bedienen, um sein Ziel zu erreichen.

Den Einfluß eines solchen Prototyps im späteren Leben führt uns der Fall eines Mannes vor Augen, der aus Angst zu ersticken nicht zu schlucken wagte. Warum hat er sich dieses Symptom statt eines anderen ausgesucht? Der Patient stand vor einem aktuellen sozialen Problem mit dem Verhalten eines engen Freundes, der ihn heftig angriff. Sowohl der Patient wie seine Frau waren zu dem Schluß gekommen, daß er sich das nicht länger gefallen lassen dürfe, doch er fühlte sich nicht stark genug, den Kampf aufzunehmen. Bei der Durchforschung seiner Kindheit stellte sich heraus, daß er offensichtlich mit dem Schlucken schon einmal solche Schwierigkeiten gehabt hatte. Er war das älteste Kind und war dann durch seinen jüngeren Bruder überholt worden, doch dann war es ihm durch diese Schwierigkeit beim Essen gelungen, die Eltern auf sich aufmerksam zu machen und sie dazu zu bringen, sich stärker um ihn zu kümmern. Nachdem er sich nun im späteren Leben mit einer persönlichen Niederlage konfrontiert sieht und nicht weiß, wie er damit umgehen soll, weicht er auf die alte Verteidigungslinie zurück, als wenn er auf diese Weise jemanden dazu bewegen könnte, sich um ihn zu kümmern und ihm zu helfen.

Die Entthronung durch ein weiteres Kind kann das erstgeborene veranlassen, sich von der Mutter abzuwenden und auf den Vater zuzugehen, und dann wird fortan eine äußerst kritische Einstellung zur Mutter bestehenbleiben. Ein Mensch dieser Art hat stets Angst davor, im Leben einen Rückschlag zu erleiden, und wir können feststellen, daß er in all seinen Angelegenheiten gern einen Schritt vorwärts und anschließend einen zurück tut, so daß nichts Entscheidendes geschehen kann. Er hat stets das Gefühl, seine Angst, eine günstige Situation werde sich ändern, sei berechtigt. Gegenüber allen drei Lebensfragen nimmt er eine zögernde Attitüde ein, verbunden mit bestimmten problematischen und neurotischen Tendenzen. Die letzteren empfindet er als Hilfe und Sicherheit. Der Gesellschaft beispielsweise wird er mit einer feindseligen Einstellung gegenüberstehen, seine berufliche Tätigkeit wird er fortwährend wechseln, und in seinem Liebesleben wird er Funktionsmängel und polygame Tendenzen entdecken, das heißt, wenn er sich in einen Menschen verliebt, wird er sich sehr schnell in einen anderen verlieben. Von Zweifeln geplagt und nicht bereit, irgend etwas zu entscheiden, wird er zu einem großen Zauderer. Ich hatte einmal mit einem extremen Beispiel dieser Art zu tun, und die früheste Erinnerung des betreffenden Patienten hatte zum Inhalt: „Im Alter von drei Jahren bekam ich Scharlach. Meine Mutter gab mir aus Versehen zum Mundspülen Karbolsäure, und daran wäre ich beinahe gestorben." Er hatte eine jüngere Schwester, die der Liebling seiner Mutter war. Im späteren Leben entwickelte der Patient die merkwürdige Phantasie, ein junges Mädchen beherrsche und drangsaliere ein älteres Mädchen. Bisweilen stellte er sich vor, das junge Mädchen reite auf der älteren Frau wie auf einem Pferd.

Grausamkeit bei einem zweitgeborenen Kind

Das älteste Kind kann jedoch so fest in der Gunst seiner Eltern stehen, daß es nicht daraus verdrängt werden kann. Ausschlaggebend dafür mag seine gute Begabung oder Entwicklung oder auch die Minderwertigkeit des zweiten Kindes sein, sofern es häßlich, organisch behindert oder schlecht erzogen ist. In einem solchen Fall wird das zweite Kind zum Problem, wogegen das älteste eine sehr zufriedenstellende Entwicklung durchmacht, wie in dem folgenden Fall:
Der ältere von zwei Brüdern, deren Altersunterschied vier Jahre betrug, war der Mutter sehr zugetan, und als der jüngere geboren wurde, erkrankte der Vater für eine Zeitlang, was die ganze Zeit der Mutter und den größten Teil ihrer Aufmerksamkeit in Anspruch nahm. Der ältere Junge, in Freundschaft und Gehorsam gegenüber der Mutter trainiert, versuchte ihr zu helfen und sie zu entlasten; der jüngere wurde in die Obhut eines Kindermädchens gegeben, das ihn verwöhnte. Diese Situation dauerte einige Jahre an, so daß das jüngere Kind keinerlei vernünftige Chance erhielt, mit dem älteren um die Liebe der Mutter zu konkurrieren; bald schon verließ er die nützliche Seite des Lebens und wurde wild und aufsässig. Vier Jahre später wurde sein Verhalten noch schlimmer, denn da kam eine kleine Schwester zur Welt, der die Mutter sich ganz widmen konnte, da der Vater inzwischen gestorben war. Angesichts der Tatsache, daß die Mutter ihm

zweimal ihre Aufmerksamkeit versagt und das Kindermädchen ihn verwöhnt hatte, brauchen wir nicht überrascht zu sein, daß dieses zweite Kind der schlechteste Schüler in seiner Klasse war, während der ältere stets der beste war. Da er sich im Konkurrenzkampf mit seinem Bruder hoffnungslos unterlegen, zu Hause ungeliebt und in der Schule (von der er schließlich verwiesen wurde) getadelt fühlte, konnte der zweitgeborene Sohn kein Lebensziel entdecken, ausgenommen, seiner Mutter Kummer zu bereiten. Da er körperlich stärker war als der Bruder und die Schwester, fing er an, beide zu tyrannisieren. Er vertrödelte seine Zeit, und in der Pubertät begann er Geld zu verschwenden und Schulden zu machen. Seine ehrenhaften und wohlmeinenden Eltern besorgten für ihn einen sehr strengen Hauslehrer, der die Situation natürlich nicht in die Hand bekam und ihr oberflächlich mit Strafen begegnete. So wuchs der Junge zu einem Mann heran, der sich bemühte, schnell und leicht reich zu werden. Er wurde zur leichten Beute für skrupellose Ratgeber, folgte ihnen in fruchtlose Unternehmungen und verlor nicht nur sein ganzes Geld, sondern zog auch seine Eltern in die unehrenhaften Schulden hinein.

Die Fakten dieses Falles lassen ganz klar erkennen, daß der ganze Mut, den der Mann jemals hatte, diktiert war von seinem unbefriedigten Wunsch nach Eroberung. Das zeigte sich am deutlichsten in einem merkwürdigen Spiel, das er sich von Zeit zu Zeit gestattete, vor allem wenn sich die Dinge gegen ihn kehrten. Sein Kindermädchen war nunmehr eine alte Frau, die in der Familie ihren Lebensunterhalt als Art Aufseherin über die Dienerschaft verdiente; sie verehrte den zweiten Jungen immer noch und vermittelte stets in Schwierigkeiten, in die er sich verwickelte. Der seltsame Sport, dem er sich hingab, bestand darin, sich mit dem Kindermädchen in ein Zimmer einzuschließen und sie Soldat mit ihm spielen zu lassen; er befahl ihr, zu marschieren, sich auf den Boden fallen zu lassen und auf seinen Befehl wieder aufzuspringen. Bisweilen trieb er sie durch Schläge mit einem Stock zum Gehorsam an. Sie gehorchte stets, auch wenn sie schrie und sich widersetzte.

Dieses einzigartige Spiel offenbarte, was er wirklich wollte, nämlich die vollkommenste Herrschaft auf die leichteste Art und Weise. Einige Autoren würden dies als sadistisches Verhalten bezeichnen, doch ich habe Bedenken gegen ein Wort, das auch sexuelles Interesse beinhaltet, denn davon kann ich bei diesem Fall nichts entdecken. In sexuellen Dingen war der Mann praktisch normal, mit Ausnahme daß er seine Liebespartnerinnen zu häufig wechselte und sich stets ihm Unterlegene aussuchte. Echter Sadismus ist selbst eine beherrschende Tendenz, die auf die Entmutigung des betreffenden Menschen in anderen Bereichen zurückzuführen ist und sich des Sexualtriebes als Äußerungsform bedient.

Zuguterletzt brachte sich dieser Mann selbst in sehr schlimme Situationen und Umstände, während der ältere Bruder sehr erfolgreich war und hoch angesehen wurde.

Das älteste Kind ist normalerweise ein eifriger Befürworter und Anhänger von Macht und Gesetz, zum Teil weil es sich häufig in der Lage sieht, als Vertreter der elterlichen Autorität handeln zu müssen. Die intuitive Erkenntnis dieses Faktums zeigt sich in dem alten, immer noch erhaltenen Brauch des Erstgeburtsrechts. Das ist in der Literatur häufig dargestellt worden. So schrieb Theodor Fontane über seine Verwirrung, als er sah, wie sein Vater sich freute, daß zehntausend Polen zwanzigtausend Russen im Kampf besiegt hatten. Sein Vater war ein französischer Emigrant, der auf Seiten der Polen stand, doch für den Autor war es eine unbegreifliche Vorstellung, daß der Stärkere geschlagen werden könnte; er hatte das Gefühl, Macht müsse und solle Erfolg haben. Der Grund für diesen Gedanken lag darin, daß Theodor Fontane ein erstgeborenes Kind war. Auf jeden Fall ist das älteste Kind schneller bereit als andere, Macht anzuerkennen, und schlägt sich auch gern auf ihre Seite. Das zeigt sich im Leben von Wissenschaftlern, Politikern und Künstlern genauso wie in dem einfacherer Menschen. Selbst wenn der Mensch zum Revolutionär wird, entdecken wir bei ihm eine konservative Tendenz, wie im Fall von Robespierre.

Das zweitgeborene Kind ist in einer ganz anderen Situation, denn es hat niemals die Erfahrung gemacht, das einzige zu sein. Auch wenn es anfangs gehätschelt wird, so steht es doch nie allein im Mittelpunkt der Aufmerksamkeit. Das Leben ist von Anfang an mehr oder weniger ein Wettrennen; das erste Kind bestimmt das Tempo, und das zweite versucht es zu überholen. Das Ergebnis dieses Wettstreits zwischen zwei Kindern in einer solchen Lage hängt von ihrem Mut und ihrem Selbstvertrauen ab. Wenn das ältere entmutigt wird, gerät es in eine schwierige Situation, vor allem wenn das jüngere wirklich stark ist und es überflügelt.

Wenn das zweite Kind die Hoffnung auf Gleichheit verliert, wird es versuchen, mehr zu *scheinen* als zu *sein*. Das heißt, wenn das ältere Kind zu stark für das zweite ist, wird das jüngere dazu neigen, seine Zuflucht auf der unnützlichen Seite des Lebens zu suchen, und bei unseren Problemfällen pflastern Faulheit, Lügen oder Stehlen den Weg zur Neurose, Kriminalität und Selbstzerstörung.

In der Regel jedoch ist das zweite Kind in einer besseren Situation als das erste. Sein Schrittmacher stimuliert es zu Anstrengungen. Es ist ferner etwas Übliches, daß das erste Kind seine Entthronung beschleunigt, indem es dagegen mit Neid, Eifersucht und Grausamkeit ankämpft, und das läßt es in der elterlichen Gunst sinken. Wenn jedoch das erste Kind mit Leistungen glänzt, befindet sich das zweite Kind in der schlimmeren Situation.

Sauberer zu sein als irgend jemand sonst

Aber das ältere Kind ist nicht immer dasjenige, das am heftigsten leidet, selbst wenn es entthront worden ist. Ich beobachtete dies im Fall eines Mädchens, das im Mittelpunkt der Aufmerksamkeit gestanden hatte und äußerst verwöhnt worden war, bis es ins dritte Lebensjahr kam und eine Schwester geboren wurde. Nach der Geburt ihrer Schwester wurde das Mädchen sehr eifersüchtig und entwickelte sich zu einem Sorgenkind. Die jüngere Schwester zeigte ein gefälliges, reizendes Verhalten und war die bei weitem beliebtere von den beiden Mädchen. Doch als die jüngere Schwester zur Schule kam, fand sie eine Situation vor, die nicht nach ihrem Geschmack war; sie wurde nicht mehr verwöhnt, und da sie nicht darauf vorbereitet war, mit Schwierigkeiten fertig zu werden, bekam sie es mit der Angst zu tun und suchte sich zurückzuziehen. Um Niederlagen sowohl faktischer Art wie dem Anschein nach zu entgehen, griff sie zu einem unter entmutigten Menschen ganz üblichen Kunstgriff: sie beendete nie etwas, das sie angefangen hatte, so daß sie sich immer der endgültigen Beurteilung entziehen konnte, und sie vergeudete soviel Zeit wie möglich. Wir können feststellen, daß Zeit der große Feind solcher Menschen ist, denn unter sozialen Umständen haben sie das Gefühl, als verfolge die Zeit sie ständig mit der Frage: „Was wirst du mit mir anfangen?" Von daher ihre merkwürdigen Anstrengungen, die Zeit mit albernen Tätigkeiten „totzuschlagen". Unser Mädchen kam immer zu spät und zögerte jede Handlung hinaus. Es fing mit niemanden Streit an, selbst wenn es gescholten wurde, doch sein Liebreiz und sein hübsches Äußeres, die es nach wie vor beibehielt, konnten es nicht davor bewahren, mehr Kummer zu bereiten und eine größere Last zu sein als ihre kämpfende Schwester.

Als die ältere Schwester sich verlobte und heiraten wollte, wurde die jüngere schrecklich unglücklich. Obwohl sie während der ersten Strecke des Wettrennens mit ihrer Schwester aufgrund ihrer Freundlichkeit und ihres Gehorsams an der Spitze gelegen hatte, fiel sie in den späteren Abschnitten des Schul- und Gesellschaftslebens zurück. Sie empfand die Heirat ihrer Schwester als Niederlage und meinte, ihre einzige Hoffnung, wieder an Boden zu gewinnen, bestehe darin, ebenfalls zu heiraten. Sie hatte jedoch nicht genug Mut, einen geeigneten Partner zu wählen, und so suchte sie instinktiv den zweitbesten. Zunächst verliebte sie sich in einen Mann, der schwer an Tuberkulose erkrankt war. Können wir dies als einen Schritt nach vorn ansehen? Widerspricht es ihrer zuvor angenommenen Gewohnheit, jede Aufgabe unerledigt liegenzulassen? Überhaupt nicht. Der schlechte Gesundheitszustand ihres Liebhabers und der natürliche Widerstand ihrer Eltern gegenüber dieser Verbindung waren sichere Gründe für Aufschub und Frustration. Sie bevorzugte bei ihrer Wahl ein Element der Unmöglichkeit. Ein weiterer kaum wählbarer Partner tauchte in ihrem späteren Leben auf, ein Mann, der dreißig Jahre älter war als sie und augenscheinlich senil. Dieser Mann jedoch starb nicht, und so fand die Heirat statt. Doch es war für sie kein großer Erfolg, da die Haltung der Hoffnungslosigkeit, in der sie sich trainiert hatte, ihr keinerlei nützliches Tun erlaubte. Es hemmte auch ihr Sexualleben, das sie als ekelhaft betrachtete und durch das sie sich gedemütigt und besudelt fühlte. Sie setzte ihre üblichen Methoden ein, um der Liebe aus dem Wege zu gehen und Beziehungen zur rechten Zeit hinauszuschieben. Damit hatte sie jedoch nicht ganz Erfolg, und so wurde sie schwanger, was sie als ein weiteres hoffnungsloses Ereignis ansah, und von diesem Zeitpunkt an lehnte sie nicht nur jede Zärtlichkeit ab, sondern klagte auch darüber, sie sei beschmutzt, und begann den ganzen lieben Tag lang zu waschen und zu säubern. Sie wusch nicht nur sich selbst, sondern reinigte alles, was ihr Mann, das Dienstmädchen oder Besucher berührt hatten, einschließlich der Möbel, der Wäsche und der Schuhe. Bald darauf erlaubte sie niemandem mehr, irgendeinen Gegenstand in ihrem Zimmer zu berühren, und verfiel einem neurotischen Waschzwang. So hatte sie eine Entschuldigung dafür, daß sie ihre Probleme nicht lösen konnte, und sie steckte sich gleichzeitig ein sehr stolzes Überlegenheitsziel: sie fühlte sich nämlich weitaus sauberer als irgend jemand sonst.

Übertriebenes Streben nach dem hochfliegenden Ziel, etwas ganz Besonderes zu sein, das kommt in der Neurose des „Waschzwanges" besonders deutlich zum Ausdruck. Soweit ich habe feststellen können, stellt diese Krankheit stets ein Mittel dar, sexuelle Beziehungen zu vermeiden, und verleiht in jedem Fall die phantastische Kompensation durch das Gefühl, sauberer zu sein als irgend jemand sonst.

Aufgrund des Gefühls, das Leben sei ein Wettrennen, trainiert sich das zweitgeborene Kind allerdings sehr gründlich, und wenn sein Mut dazu reicht, ist es sehr wohl in der Lage, das älteste Kind auf seinem eigenen Gebiet zu überholen. Wenn es etwas weniger Mut hat, wird es das Älteste auf einem anderen Felde zu überholen trachten, und wenn es noch ein bißchen weniger hat, wird es kritischer und streitsüchtiger als üblich werden, nicht in sachlicher, sondern in persönlicher Weise. In der Kindheit zeigt sich diese Haltung an Kleinigkeiten: es möchte das Fenster geschlossen haben, wenn das ältere es öffnet, das Licht angeschaltet haben, wenn das andere es gelöscht haben möchte, und möchte ständig widersprechen und gegenteiliger Meinung sein.

Diese Situation ist anschaulich beschrieben in der biblischen Geschichte von Esau und Jakob, nämlich in der Geschichte, in der Jakob erfolgreich die Privilegien des älteren Bruders an sich reißt. Die Verfassung des zweiten Kindes ähnelt der einer Maschine unter permanentem Dampfüberdruck. Ein kleiner Junge von vier Jahren hat das sehr gut in Worte gekleidet, als er weinend ausrief: „Ich bin so unglücklich, weil ich *nie* so alt wie mein Bruder sein kann."

Die Tatsache, daß Kinder das psychische Verhalten von älteren Brüdern und Schwestern sowie von Eltern nachahmen, haben einige Autoren einem Trieb zur Imitation oder zur „Identifikation" des eigenen Selbst mit einem anderen zugeschrieben. Doch es läßt sich besser erklären als Versuch, eine Gleichheit herzustellen, die auf anderen Gebieten versagt bleibt. Psychische Ähnlichkeiten mit dem Verhalten von Vorfahren oder sogar von Wilden bedeutet nicht, daß die Muster psychischer Reaktionen vererbbar sind, sondern daß viele Menschen in ähnlichen Situationen die gleichen Angriffs- und Verteidigungsmittel benutzen. Wenn wir bei allen ersten Kindern, zweiten Kindern und allen jüngsten Kindern so viele Ähnlichkeiten antreffen, können wir uns durchaus fragen, welche Rolle dabei noch die Vererbung spielen soll. So haben wir als Psychologen auch keine Verwendung für die Theorie, daß die psychische Entwicklung des einzelnen die Entwicklung der Menschenrasse in ihrem Ablauf wiederholt.

In späteren Entwicklungsphasen ist das zweitgeborene Kind kaum in der Lage, die strenge Führerschaft anderer zu ertragen oder die Vorstellung „ewiger Gesetze" zu akzeptieren. Es wird eher geneigt sein zu glauben, ob zu Recht oder Unrecht, daß es in der Welt keine Macht gibt, die nicht gestürzt werden kann. Ganz zu schweigen von seinen revolutionären Listen! Ich habe eine ziemliche Anzahl von Fällen kennengelernt, in denen das zweitgeborene Kind sich der ausgefallensten Mittel bediente, um die Macht herrschender Menschen oder Traditionen zu unterminieren. Meiner Auffassung von ihrem Verhalten würde nicht jedermann, und schon gar nicht diese Rebellen, ohne weiteres zustimmen. Denn es ist zwar möglich, eine herrschende Macht durch üble Nachrede in Gefahr zu bringen, doch es gibt viel hinterlistigere Methoden – zum Beispiel übermäßiges Lob –, mit denen man einen Menschen oder ein System idealisieren und glorifizieren kann, bis die Realität nicht mehr mithalten kann. Beide Methoden setzt Mark Anton in seiner feierlichen Rede in

„Julius Caesar" ein, und ich habe an anderer Stelle[1] gezeigt, wie meisterhaft sich Fjodor Dostojewskij, möglicherweise unbewußt, des letztgenannten Mittels bediente, um die tragenden Fundamente des alten Rußland zu untergraben. Wer sich an seine Schilderung des Vaters Sozima in „Die Brüder Karamasow" erinnert, des weiteren an die Tatsache, daß er ein zweitgeborener Sohn war, wird die Triftigkeit meines Erklärungsversuchs auf sich wirken lassen.

Ich muß nicht betonen, daß der Lebensstil eines zweitgeborenen Kindes, wie der des erstgeborenen, auch bei einem anderen Kind auftreten kann, wenn es sich in einer Situation von ähnlicher Struktur befindet.

Das jüngste Kind ist ebenfalls ein deutlich erkennbarer Menschentyp, der bestimmte Merkmale des Lebensstils aufweist, auf die wir immer wieder stoßen. Es ist immer das Baby der Familie gewesen und hat niemals die Tragödie erlebt, die es bedeutet, von einem jüngeren um seinen Besitz gebracht zu werden, eine Tragödie, die mehr oder weniger das Schicksal aller anderen Kinder ist. In dieser Hinsicht steht es in einer begünstigten Situation, und seine Erziehung ist häufig relativ besser, da die ökonomische Position der Familie in ihren späteren Jahren mit einiger Wahrscheinlichkeit sicherer ist. Wie die Eltern, so verwöhnen auch die größeren Kinder nicht selten das jüngste Kind, das mithin einer zu großen Verzärtelung und Nachsicht ausgesetzt ist. Auf der anderen Seite kann das jüngste Kind von den älteren auch zu sehr stimuliert werden – beide Fehler sind unseren Erziehern sehr vertraut. Im ersten Fall (von übertriebener Nachsicht) wird das Kind sein Leben lang danach trachten, von anderen unterstützt zu werden. In letzterem Fall wird das Kind eher einem zweitgeborenen Kind ähneln, nämlich sich auf Konkurrenzkämpfe einlassen, sich bemühen, all die zu überholen, die ihm das Tempo angaben, und in den meisten Fällen dabei scheitern. Häufig hält es daher nach einem Betätigungsfeld Ausschau, das von dem der anderen Familienmitglieder entfernt liegt, und darin offenbart es, so glaube ich, eine verborgene Feigheit. Wenn die Familie sich beispielsweise in Geschäften betätigt, wird es zur Kunst oder Literatur neigen, wenn die

---

[1] „Dostojewski". In: *Praxis und Theorie der Individualpsychologie*, Fischer Taschenbuch Nr. 6236, S. 281–290.

Familie wissenschaftliche Interessen hat, wird es ein Geschäftsmann werden wollen. Ich habe an anderer Stelle bemerkt, daß die meisten erfolgreichen Menschen unserer Zeit jüngste Kinder ihrer Familien waren, und ich bin überzeugt davon, daß dies auch in allen anderen Epochen der Fall war. In der biblischen Geschichte finden wir unter den führenden Gestalten eine bemerkenswerte Anzahl jüngster Kinder, etwa David, Saul und Joseph. Die Geschichte von Joseph ist ein besonders gutes Beispiel, das viele der Ansichten veranschaulicht, zu denen wir gelangt sind. Sein jüngerer Bruder Benjamin war siebzehn Jahre jünger als er, und als er auf dem Gipfel seiner Macht stand, wußte er nichts von der Existenz seines jüngeren Bruders. Seine psychologische Situation war mithin die eines letztgeborenen Kindes.

Es ist interessant zu beobachten, daß Josephs Brüder seine Träume sehr wohl verstanden. Genauer noch, ich sollte sagen, daß sie die Gefühle und Emotionen des Träumers verstanden, ein Punkt, auf den ich später noch eingehen werde. Das Ziel eines Traumes besteht nicht darin, verstanden zu werden, sondern eine Stimmung und eine Gefühlsspannung zu schaffen.

In den Märchen und Sagen aller Zeiten und Völker spielt das letztgeborene Kind die Rolle eines Eroberers. Ich schließe daraus, daß in früheren Zeiten, als sowohl Umstände wie Auffassung der Menschen von ihnen noch einfacher waren, die Erfahrungen leichter zu sammeln waren und sich der zusammenhängende Lebenslauf der Letztgeborenen besser verstehen ließ. Dieses traditionelle Charakterverständnis hat in Volksmärchen überlebt, als die eigentlichen Erfahrungen längst in Vergessenheit geraten waren.

Der Arzt unter der Obhut seiner älteren Schwestern

Ein seltsames Beispiel für den Typ des verzärtelten jüngsten Kindes ist der bereits von mir erwähnte Fall des Mannes mit einem „bettlerischen" Lebensstil. Einem weiteren Fall begegnete ich mit den Schwierigkeiten eines Arztes, der seit zwanzig Jahren unfähig war, normal zu schlucken, und der nur flüssige Nahrung zu sich nehmen konnte. Er hatte sich kurz zuvor eine Gebißplatte anfertigen lassen, die er mit der

Zunge beständig auf und abstieß, eine Gewohnheit, die Schmerzen und Entzündungen der Zunge hervorrief, so daß er fürchtete, Krebs zu bekommen.

Er war das jüngste einer Familie mit drei Kindern (mit zwei älteren Schwestern), und er war schwächlich gewesen und ausnehmend verwöhnt worden. Im Alter von vierzig Jahren konnte er nur allein oder mit seinen Schwestern essen. Dies ist ein klarer Hinweis darauf, daß er sich nur in seiner begünstigten Situation wohl fühlte – nämlich von seinen Schwestern verwöhnt zu werden. Es fiel ihm schwer, sich in Gesellschaft zu begeben, er hatte keine Freunde und nur einige wenige Bekannte, mit denen er sich wöchentlich in einem Restaurant traf. Da seine Einstellung zu den drei Lebensfragen von Angst und Zagen geprägt war, können wir verstehen, daß seine Spannung in Gegenwart anderer Menschen es ihm unmöglich machte, Nahrung hinunterzuschlucken. Er lebte in einer Art Lampenfieber, das heißt, er befürchtete, er könne keinen hinreichend guten Eindruck hinterlassen.

Die zweite Lebensfrage (die des Berufs) beantwortete der Mann mit passabler Kompetenz, da er aus armem Hause stammte und ohne Verdienst nicht leben konnte, doch litt er außerordentlich in seinem Beruf und wäre beinahe in Ohnmacht gefallen, als er seine Prüfungen ablegen sollte. Sein Ehrgeiz als Allgemeinpraktiker bestand darin, eine Stellung mit festem Gehalt und späterem Pensionsanspruch zu bekommen. Dieser Zug zu einer beamteten Berufsposition ist ein Zeichen von Unsicherheit, und Menschen mit einem tiefsitzenden Gefühl von Unzulänglichkeit streben im allgemeinen den „sicheren Beruf" an. Über Jahre hin gab er sich seinen Symptomen hin. Als er älter wurde, verlor er einige Zähne, und entschied sich für eine Gebißplatte, die zum Anlaß für sein jüngstes Symptom wurde.

Als der Patient mich aufsuchte, war er sechzig Jahre alt, und er lebte immer noch unter der Obhut seiner beiden Schwestern. Beide hatten schwer an ihrem Alter zu tragen, und für mich war klar, daß dieser Mann, der in die Jahre kam und von zwei unverheirateten und viel älteren Frauen verwöhnt wurde, einer neuen Situation entgegensah. Er war sehr in Sorge darüber, seine Schwestern könnten sterben. Was sollte er in diesem Falle tun, er, auf den man ständig acht geben, um den man sich ständig kümmern mußte? Er hatte sich nie verliebt, denn er konnte nie eine Frau finden, der er in seinem zerbrechlichen Glück hätte vertrauen können. Wie konnte er glauben, daß irgend jemand ihn so verwöhnen würde, wie es seine Mutter und seine älteren Schwestern getan hatten? Die Art seiner Sexualität ließ sich leicht erraten: Masturbation und einige Knutschaffären mit Mädchen. Doch kurz zuvor hatte eine ältere Frau ihm einen Heiratsantrag gemacht, und er wollte in seinem Verhalten gefälliger und attraktiver erscheinen. Der Anfang eines Kampfes schien bevorzustehen, doch seine neue Gebißplatte bot ihm noch einmal Rettung. Zur rechten Zeit geriet er in Angst, er könne sich einen Zungenkrebs zuziehen.

Er als Arzt war sich über die Realität dieses Krebses sehr in Zweifel. Die vielen Chirurgen und Ärzte, die er zu Rate zog, versuchten allesamt ihn von seinem Glauben an den Krebs abzubringen, doch er bestand auf seiner Unsicherheit, preßte weiter seine Zunge gegen die Platte, bis sie schmerzte und suchte einen anderen Arzt auf.

Solche vorgefaßten Meinungen – „überwertige Ideen", wie Wernicke sie nannte – werden beim Arrangement einer Neurose besonders gepflegt. Der Patient scheut vor dem richtigen Ziel zurück, indem er seinen Blick immer fester auf einen Punkt außerhalb seiner Richtung heftet. Er tut dies, um aus einer Richtung auszuscheren, die sich aufgrund logischer Notwendigkeit abzuzeichnen beginnt. Die logische Lösung seines Problems wäre nämlich ein Widerspruch zu seinem Lebensstil, und da der Lebensstil herrschen muß, hat er Emotionen und Gefühle ins Leben zu rufen, die seine Flucht absichern.

Trotz der Tatsache, daß der Mann bereits sechzig Jahre alt war, bestand die einzig logische Lösung für sein Problem darin, vor dem Ableben seiner verwöhnenden Schwestern einen vertrauenswürdigen Ersatz für sie zu finden. In seinem Mißtrauen konnte er sich weder zu der Hoffnung aufschwingen, daß dies möglich sei, noch konnten seine Zweifel durch Logik zerstreut werden, denn er hatte sein ganzes Leben auf dem entschiedenen Widerstand gegen die Ehe aufgebaut. Die Gebißplatte, die der Eheschließung dienlich sein sollte, erwies sich als unüberwindliches Hindernis auf diesem Weg.

Bei der Behandlung dieses Falles war es sinnlos, den Glauben an eine Krebserkrankung erschüttern zu wollen. Als der

Patient den Zusammenhang seines Verhaltens verstand, milderten sich seine Symptome erheblich. Am nächsten Tag erzählte er mir einen Traum: „Ich befand mich im Haus einer dritten Schwester aus Anlaß der Geburtstagsfeier ihres dreizehn Jahre alten Sohnes. Ich war völlig gesund, verspürte keinerlei Schmerz und konnte alles hinunterschlucken." Doch dieser Traum stand in Verbindung mit einer Episode seines Lebens, die sich fünfzehn Jahre zuvor ereignet hatte. Seine Bedeutung lag klar auf der Hand: „*Wenn ich nur fünfzehn Jahre jünger wäre.*" So wird der Lebensstil beibehalten.

Das einzige Kind hat ebenfalls seine typischen Schwierigkeiten. Es steht ständig ohne Anstrengung im Mittelpunkt der Bühne und wird im allgemeinen verzärtelt; so bildet es einen Lebensstil aus, der darauf hinausläuft, daß es von anderen unterstützt wird und sie gleichzeitig beherrscht. Sehr häufig wächst es in einer von Intimität geprägten Umgebung auf. Die Eltern haben unter Umständen Angst davor, weitere Kinder zu bekommen, und bisweilen hat die Mutter, die schon vor seiner Ankunft zu neurotischen Reaktionen neigt, das Gefühl, zur Erziehung weiterer Kinder nicht in der Lage zu sein, und entwickelt ein Verhalten, daß jedermann sagen muß: „Es ist ein Segen, daß diese Frau keine weiteren Kinder hat." Geburtenkontrolle kann einen großen Teil der Aufmerksamkeit der Familie in Anspruch nehmen, und in einem solchen Falle können wir schlußfolgern, daß Spannungen bestehen und daß beide Eltern ihr Leben in Angst verbringen. Die Fürsorge, die sie dem einzigen Kind angedeihen lassen, ist bei Tag und Nacht unvermindert stark und flößt dem Kind häufig den Gedanken ein, es sei eine fast tödliche Gefahr, nicht umsorgt und umhütet zu werden. Solche Kinder wachsen häufig vorsichtig heran, und früher oder später sind sie in vielen Fällen erfolgreich und gewinnen die Wertschätzung und Aufmerksamkeit, die sie sich wünschen. Doch wenn sie in ganz andere Lebensumstände geraten, können sie eine auffällige Unzulänglichkeit an den Tag legen.

Einzige Kinder sind oft sehr freundlich und zärtlich, und in ihrem späteren Leben können sie bezaubernde Umgangsformen entwickeln, um andere Menschen anzuziehen, da sie sich, sowohl im früheren wie späteren Leben, darin üben. Sie stehen gewöhnlich dem nachgiebigeren Elternteil näher, und das ist im allgemeinen die Mutter. In einigen Fällen entwickeln sie eine feindselige Einstellung zu dem anderen Elternteil.

Die Erziehung des einzigen Kindes ist nicht leicht, doch es besteht die Möglichkeit, die individuellen Probleme zu verstehen und sie richtig zu lösen. Wir betrachten die Situation des einzigen Kindes nicht als gefährlich, wir stellen jedoch fest, daß sich – wenn nicht die besten Erziehungsmethoden angewandt werden – sehr schlimme Ergebnisse einstellen, die vermieden worden wären, wenn Brüder und Schwestern dagewesen wären.

Das einzige Kind der Damenschneiderin, ein Sohn

Ich möchte den Fall der Entwicklung eines Einzelkindes darstellen, eines Jungen, dessen ganze Zuneigung einzig der Mutter galt. Der Vater spielte in der Familie keine wichtige Rolle; er unterhielt sie, war jedoch offensichtlich an dem Kind nicht interessiert. Die Mutter war Damenschneiderin, die zu Hause arbeitete, und der kleine Junge verbrachte seine ganze Zeit in ihrer Nähe, herumsitzend oder spielend. Er übte sich im Nähen und imitierte die Tätigkeit seiner Mutter, und zuguterletzt war er darin sehr geschickt, doch er beteiligte sich nie an den Spielen von Jungen. Die Mutter verließ jeden Tag um fünf Uhr nachmittags das Haus, um ihre fertige Arbeit abzuliefern, und kehrte pünktlich um sechs zurück, und während dieser Zeit blieb der Junge allein oder in Gesellschaft einer älteren Nichte und spielte mit Nähutensilien. Er interessierte sich für Uhren, weil er immer auf die Rückkehr der Mutter wartete. Mit drei Jahren konnte er bereits die Uhrzeit angeben.

Die ältere Nichte spielte mit ihm, und bei diesen Spielen war sie der Bräutigam und er die Braut; bemerkenswert ist, daß er eher wie ein Mädchen aussah als sie. Als er in die Schule kam, war er auf das Zusammensein mit Jungen gänzlich unvorbereitet, doch es gelang ihm, die Stellung eines geschätzten Außenseiters einzunehmen, denn die anderen mochten sein sanftes, höfliches Betragen. Er begann das Überlegenheitsziel anzusteuern, indem er attraktiv zu sein suchte, vor allem für Jungen und Männer. Im Alter von vierzehn Jahren spielte er bei einer Theateraufführung in der Schule die Rolle eines Mädchens. Die Zuschauer hatten nicht den geringsten Zweifel, daß er ein Mädchen war, ein junger Bursche fing an mit ihm zu flirten, und er war sehr angetan davon, daß er solche Bewunderung erregt hatte.

Er erklärte, daß er nur für kurze Zeit den Geschlechtsunterschied gekannt habe. Vier Jahre lang hatte er Mädchenkleider getragen, und bis zu seinem zehnten Lebensjahr wußte er nicht, ob er ein Junge oder ein Mädchen war. Als ihm erklärt wurde, welches Geschlecht er hatte, begann er zu masturbieren, und in seiner Phantasie verknüpfte er bald sexuelle Wünsche mit den Gefühlen, die er verspürt hatte, wenn Jungen ihn berührt oder geküßt hatten. Sein Lebensziel war, bewundert und verehrt zu werden, und diesem Ziel paßte er all seine Verhaltensweisen an, und zwar derart, daß er von Jungen bewundert wurde. Seine ältere Nichte war das einzige Mädchen, das er kannte; sie war nett und freundlich, doch sie übernahm in ihren Spielen die Rolle des Mannes und lenkte ihn ansonsten wie seine Mutter. Ein starkes Minderwertigkeitsgefühl war das Erbe, das seine Mutter ihm mit ihrer übertriebenen Nachgiebigkeit und übermäßiger Fürsorge hinterließ. Sie hatte spät (im Alter von achtunddreißig Jahren) geheiratet, und sie wollte von dem Mann, den sie nicht mochte, keine weiteren Kinder haben. Ihre Befürchtung war mithin früheren Ursprungs, ganz ohne Zweifel, und ihre späte Eheschließung ließ erkennen, daß sie dem Leben gegenüber eine zögernde Attitüde einnahm. In sexuellen Angelegenheiten sehr streng, wollte sie, daß ihr Kind in Unkenntnis der Sexualität erzogen würde.

Im Alter von sechzehn Jahren hatte der Patient das Aussehen und den Gang eines kokettierenden Mädchens, und bald darauf verfing er sich in die Fallstricke der Homosexualität. Wenn wir diese Entwicklung verstehen wollen, müssen wir uns daran erinnern, daß er im psychologischen Sinne die Erziehung eines Mädchens gehabt und daß er den Unterschied zwischen den Geschlechtern zu spät in seinem Leben erfahren hatte. Auch hatte er in der weiblichen Rolle seine Triumphe erlebt, und er war sich nicht sicher, ob er soviel gewonnen hätte, wenn er den Mann gespielt hätte. In der Nachahmung weiblichen Verhaltens vermochte er nur einen ungehinderten Weg zu seinem Überlegenheitsziel zu sehen.

Nach meiner Erfahrung schauen Jungen, die diese Art von Erziehung gehabt haben, immer wie Mädchen aus. Das Wachstum der Organe und wahrscheinlich auch der Drüsen ist zum Teil von der Umwelt gesteuert und ihr angepaßt. Wenn also eine frühe Hinwendung zur Weiblichkeit von einem persönlichen Ziel der gleichen Tendenz unterstützt wird, dürfte der Wunsch, ein umworbenes Mädchen zu sein, nicht nur die Seele, sondern auch die Körperhaltung und sogar den Körper selbst beeinflussen.

Dieser Fall macht ganz deutlich, wie ein Perverser sich geistig in seine abnorme Einstellung gegenüber der Sexualität hineintrainiert. Es besteht keinerlei Notwendigkeit, eine angeborene oder vererbte Konstitution zu postulieren. Die Absage des Patienten an alle normalen sexuellen Aktivitäten, seien sie nun geistig und körperlich, zugunsten von Masturbation und Homosexualität mag Anlaß zu dem Verdacht geben, hier liege eine Erbkomponente vor – es sei denn, wir können ihn bei genau der Handlung beobachten, mit der er sich selbst pervertiert. In den homosexuellen Kreisen der verschiedenen Lokalitäten herrschen unterschiedliche Traditionen, und dieser Junge hatte seinen Geschmack den üblichen Praktiken seiner homosexuellen Bekannten anzupassen. Fast alle in seiner Stadt praktizierten Fellatio. Zunächst wehrte er sich dagegen, doch eines Nachts wachte er mit einem merkwürdigen Geschmack im Munde auf. Auf dem Tisch nahe seinem Bett stand ein Glas, das teilweise mit Urin gefüllt war, und es war ihm nicht klar, wie es da hineingekommen war. Wahrscheinlich während des Schlafs, doch es bestand kein Zweifel darüber, was geschehen war. Von diesem Zeitpunkt an ging er mit seinen Freunden konform; er hatte seinen Widerstand überwunden.

Als er mich aufsuchte, hatte er eine Beziehung zu einem Jungen, der das vernachlässigte zweite Kind einer sehr dominierenden Mutter war; es war das Bestreben dieses Jungen, Männer durch seinen persönlichen Charme zu überwinden, und das war ihm in der Beziehung zu einem schwachen Vater tatsächlich auch gelungen. Als er das Alter erreichte, in dem sich Sexualität äußert, war er schockiert. Seine Vorstellung von Frauen beruhte auf der Erfahrung mit seiner beherrschenden Mutter, die ihn vernachlässigte, und so wurde er homosexuell. Stellen Sie sich also die hoffnungslose Situation meines Patienten vor! Er wollte durch weibliche Mittel – durch den Charme eines Mädchens – erobern, doch sein Freund wollte Eroberer von Männern sein.

Ich konnte meinem Patienten klarmachen: was immer er auch in dieser *Liaison* dachte und fühlte, sein Freund hatte das Gefühl, ein Eroberer zu sein, der Männer bezaubert. Mein Patient konnte folglich nicht sicher sein, daß er die wirkliche Eroberung war, und so erhielt seine Homosexualität einen Stoß. Auf diese Weise konnte ich die Beziehung auseinanderbringen, denn er sah ein, daß es dumm war, in eine so fruchtlose Konkurrenz einzutreten. Das erleichterte es ihm, auch zu verstehen, daß seine Abnormität auf mangelndes Interesse an anderen Menschen zurückging und daß seine Unzulänglichkeitsgefühle als verwöhntes Kind ihn dazu gebracht hatten, alles an dem Kriterium persönlichen Triumphes zu messen. Er kam dann einige Monate nicht, und als er mich erneut aufsuchte, hatte er sexuelle Beziehungen zu einem Mädchen aufgenommen und hatte dabei allerdings versucht, eine masochistische Rolle zu spielen. Er wollte offensichtlich mit ihr die gleiche Minderwertigkeit erleben, die er gegenüber der Mutter und der Nichte gespürt hatte. Diese masochistische Einstellung zeigte sich an der Tatsache, daß sein Überlegenheitsziel ihn dazu trieb, von dem Mädchen zu fordern, es solle alles für ihn tun, was er von ihm verlangte, und er wollte den Akt an diesem Punkt beenden, ohne sich auf den Geschlechtsverkehr einzulassen, was bedeutet, daß er das Normale immer noch ablehnte.

Die große Schwierigkeit, einen Homosexuellen zu ändern, liegt nicht nur in dem Mangel an sozialer Anpassung, sondern in der immer wieder zu beobachtenden Tatsache, daß ihm das richtige Training fehlt, das in der frühen Kindheit einsetzen sollte. Von Anbeginn des Lebens an wird die Einstellung zu dem anderen Geschlecht in die falsche Richtung gedrängt. Um dies erkennen zu können, muß man sein Augenmerk auf die Art der Intelligenz, des Verhaltens und der Erwartungen lenken, die der jeweilige Fall zeigt. Man vergleiche, wie normale Menschen sich auf der Straße bewegen oder sich in Gesellschaft geben und wie Homosexuelle sich in ähnlichen Situationen verhalten! Der Normale ist in erster Linie am anderen Geschlecht interessiert, der Homosexuelle nur an dem eigenen. Der Homosexuelle weicht der normalen Sexualität nicht nur in seinem Verhalten aus, sondern auch in seinen Träumen. Der soeben von mir beschriebene Patient pflegte häufig zu träumen, er besteige einen Berg und benutze dazu eine in Serpentinen verlaufende Straße. Der Traum brachte seine mutlose, umweghafte Lebenseinstellung zum Ausdruck. Er bewegte sich gleichsam wie eine Schlange und senkte bei jedem Schritt Kopf und Schultern.

Zum Schluß möchte ich die Aufmerksamkeit auf die schwerwiegendsten Fälle richten, die ich bei der Entwicklung von Einzelkindern beobachtet habe. Eine Frau bat mich, ihr und ihrem Mann zu helfen, denn ihr einziger Junge tyrannisiere sie unbarmherzig. Er war zum damaligen Zeitpunkt sechzehn Jahre alt; seine Leistungen in der Schule waren gut, doch er war streitsüchtig und beleidigend in seinem Betragen. Er legte sich vor allem mit seinem Vater an, der ihm gegenüber strenger gewesen war als die Mutter. Er stritt ständig mit beiden Eltern herum, und wenn er nicht bekam, was er wollte, erging er sich in unverhüllten Beleidigungen, rangelte gelegentlich mit seinem Vater, spuckte ihn an und gab unflätige Äußerungen von sich. Eine solche Entwicklung kann sich bei einem verwöhnten Einzelkind ergeben, das darauf trainiert ist, alles zu erwarten – und es zu erhalten, bis die Zeit kommt, da die Nachgiebigkeit an ihre Grenze stößt. In solchen Fällen ist es schwierig, den Patienten in der gewohnten Umgebung zu behandeln, denn dabei werden zu viele alte Erinnerungen wiederbelebt, Erinnerungen, welche die Harmonie der Familie stören.

Ein anderer Fall, der mir zugeführt wurde, war der eines achtzehnjährigen Jungen, der unter der Anklage stand, seinen Vater ermordet zu haben. Er war ein verzärteltes Einzelkind, das seine Ausbildung abgebrochen hatte und alles Geld, das es von seinen Eltern erpressen und erschleichen konnte, in schlechter Gesellschaft verschleuderte. Eines Tages lehnte sein Vater es ab, ihm weiteres Geld zu geben, und da brachte der Junge ihn um, indem er ihm mit einem Hammer auf den Kopf schlug. Nur der Rechtsanwalt, der ihn verteidigte, wußte, daß er mehrere Monate zuvor bereits einen anderen Menschen getötet hatte. Es war offenkundig, daß er sich völlig sicher fühlte, auch bei diesem zweiten Mord unbehelligt davonzukommen.

In einem weiteren Fall krimineller Entwicklung wurde ein Junge, auch er Einzelkind, von einer hochgebildeten Frau großgezogen, die in ihm gern ein Genie gesehen hätte. Nach ihrem Tode setzte eine andere erfahrene Frau seine Erziehung in gleicher Weise fort, bis sie seiner tyrannischen Tendenzen gewahr wurde. Sie glaubte, dafür sei sexuelle Verdrängung verantwortlich, und begann ihn zu analysieren. Doch seine tyrannische Einstellung wollte nicht weichen, und daraufhin wollte sie ihn loswerden. Er brach jedoch eines Nachts in ihr Haus ein, um sie zu berauben, und erwürgte sie.

Alle die von mir beschriebenen Merkmale, die ich als typisch für bestimmte Positionen in der Familie ansehe, sind unter anderen Umständen Modifizierungen zugänglich. Bei all den Variationsmöglichkeiten werden sich allerdings die Umrisse dieser Verhaltensmuster als im wesentlichen richtig erweisen. Neben anderen Möglichkeiten kann man die Position eines Jungen erwähnen, der unter Mädchen aufwächst. Wenn er älter als die Mädchen ist, entwickelt er sich auf ganz die gleiche Weise wie ein älterer Bruder in Gemeinschaft einer jüngeren Schwester. Unterschiede im Alter, in der Zuneigung der Eltern und in der Lebensvorbereitung, sie alle spiegeln sich in dem individuellen Verhaltensmuster wider.
Wo eine Mehrzahl von Frauen die ganze Umwelt beherrscht, hat ein einzelner Junge mit einiger Sicherheit ein Überlegenheitsziel und einen Lebensstil, die gegen das Weibliche gerichtet sind. Dies äußert sich in unterschiedlichen Graden der Ausprägung: in demütiger Hingabe an Frauen und in der Verehrung von Frauen, in einer imitierenden Attitüde, die zur Homosexualität neigt, oder in einer tyrannischen Einstellung zu Frauen. Die Menschen vermeiden es für gewöhnlich, Jungen in einer allzu weiblichen Umwelt zu erziehen, und die allgemeine Erfahrung lehrt uns, daß solche Kinder in ihrer Entwicklung zu zwei Extremen neigen: entweder zu übertriebener Selbstgefälligkeit oder zur Verwegenheit. In der Geschichte von Achilles finden sich viele Hinweise, die uns vermuten lassen, daß der letztere Fall in der Antike sehr wohl bekannt war.
In den Fällen von Mädchen, die unter Jungen aufwachsen oder in einer gänzlich männlichen Umwelt, finden wir die gleichen entgegengesetzten Möglichkeiten. Unter solchen

Umständen wird ein Mädchen natürlich leicht mit zuviel Zuneigung verwöhnt, doch es kann auch die Haltung von Jungen annehmen und nicht wie ein Mädchen aussehen wollen. Was auch immer geschieht, es hängt weitgehend davon ab, wie Männer und Frauen in der jeweiligen Umwelt eingeschätzt und bewertet werden. In dieser Hinsicht finden wir stets eine vorherrschende Geisteshaltung, und in weitgehender Übereinstimmung mit dieser Haltung wird das Kind die Rolle eines Mannes oder einer Frau zu übernehmen trachten.

In der jeweiligen Familie ausgeprägte Lebenseinstellungen beeinflussen unter Umständen ebenfalls das kindliche Verhaltensmuster oder bringen das Kind in Schwierigkeiten, wie beispielsweise der Aberglaube an vererbte Charaktermerkmale oder der Glaube an abseitige Erziehungsmethoden. Jede übertriebene Erziehungsmethode läuft Gefahr, dem Kind Schaden zuzufügen, eine Tatsache, die wir oft bei Kindern von Lehrern, Psychologen, Ärzten und bei Leuten beobachten können, die im Rechtswesen tätig sind, also bei Polizeibeamten, Rechtsanwälten, Bediensteten von Behörden und Geistlichen. Solche erzieherischen Übertreibungen treten häufig zu Tage bei der Anamnese von Sorgenkindern, Straffälligen und Neurotikern. Der Einfluß beider Faktoren, des Aberglaubens an die Heredität und einer fanatischen Trainingsmethode, läßt sich in folgendem Fall erkennen.

Eine Mutter gesteht ihrer Tochter Fehler ein

Eine Mutter kam zu mir mit ihrer neunjährigen Tochter, beide in Tränen aufgelöst und voller Verzweiflung. Die Mutter erklärte mir, die Tochter lebe erst seit kurzer Zeit mit ihr zusammen, nachdem sie Jahre unter der Obhut von Pflegeeltern auf dem Lande verbracht habe. Dort, auf dem Lande, hatte sie ihre dritte Schulklasse beendet, und so kam sie in der Stadtschule in die vierte Klasse, doch ihre Leistungen wurden so schlecht, daß der Lehrer sie in die dritte Klasse zurückversetzte. Bald darauf wurden ihre Leistungen noch schlechter, und sie wurde noch weiter zurückgestuft und in die zweite Klasse versetzt. Darüber war die Mutter völlig aus dem Häuschen, und sie war besessen von der Vorstellung, die

Tochter habe ihre Mängel und ihr Unvermögen vom Vater geerbt.

Mir war auf den ersten Blick klar, daß die Mutter ihr Kind mit überzogenen Erziehungsgrundsätzen malträtierte. In diesem Fall war dies besonders nachteilig, weil das Mädchen in einer angenehmen Umgebung aufgewachsen war und von der Mutter noch größere Freundlichkeit erwartete. Doch in ihrer ängstlichen Sorge, das Kind solle kein Versager werden, verhielt sich die Mutter überstreng, und das löste in dem Mädchen die schlimmste Enttäuschung aus. Es stand unter großer Gefühlsspannung, die ihren Fortschritt sowohl in der Schule wie daheim nachhaltig unterband. Ermahnungen, Tadel, Kritik und Schimpfen verstärkten nur das Gefühl, und das wiederum führte zur Hoffnungslosigkeit auf beiden Seiten. Da ich meinen Eindruck bestätigt haben wollte, sprach ich mit dem Mädchen allein über seine Pflegeeltern. Es erzählte mir, wie glücklich ihr Leben mit ihnen gewesen war, und dann, in Tränen ausbrechend, gestand sie mir auch, wie sehr sie das Zusammensein mit ihrer Mutter zunächst genossen hatte.

Ich mußte der Mutter begreiflich machen, in welchen Fehler sie sich verstrickt hatte. Man konnte von dem Mädchen nicht erwarten, daß es mit einem solchen harten Training mithielt, und als ich mich in seine Lage versetzte, konnte ich verstehen, daß ihr Betragen ein durchaus intelligentes Verhalten war, das heißt, ihre Reaktion war eine Art Anklage und Rache. In einer Situation dieser Art, allerdings bei weniger Gemeinschaftsgefühl, ist es durchaus möglich, daß ein Kind straffällig wird, neurotisch oder sogar Selbstmord zu begehen versucht. Doch in diesem Fall war ich sicher, daß es für das Mädchen nicht schwierig sein würde, sich zum besseren zu ändern, wenn nur die Mutter von der Wahrheit überzeugt werden und das Kind mit einer greifbar deutlichen Einstellungsänderung beeindrucken könnte. Daher nahm ich mich der Mutter an und erklärte ihr, ihr Glaube an Vererbung sei nichts als Unfug, und danach machte ich ihr klar, daß ihre Tochter nicht zu Unrecht viel von ihr erwartet hatte, als sie zu ihr gekommen war, und daß sie durch eine derart disziplinarische Behandlung sehr enttäuscht und erschüttert gewesen sein mußte, und zwar dermaßen, daß sie überhaupt nicht mehr in der Lage war, das zu leisten, was von ihr erwartet wurde. Ich wollte, daß die Mutter der Tochter eingestand, daß sie Fehler gemacht hatte und ihre Methoden gern ändern wolle, und so sagte ich ihr, ich könne eigentlich nicht glauben, daß sie dies über.sich bringen könne, doch genau das würde ich selbst unter den gegebenen Umständen tun. Sie antwortete entschlossen: „Ich werde es tun." In meiner Gegenwart und mit meiner Hilfe erklärte sie dem Mädchen ihre Fehler, und darauf nahmen sie sich in den Arm, küßten sich und weinten miteinander. Zwei Wochen später besuchten mich beide, fröhlich, lächelnd und in sehr zufriedener Stimmung. Die Mutter brachte mir eine Nachricht vom Lehrer der dritten Klasse: „Es muß ein Wunder geschehen sein. Das Mädchen ist die beste Schülerin der Klasse."

8. Frühe Kindheitserinnerungen

Die Bedeutung der frühen Kindheitserinnerungen ist eine der wichtigsten Entdeckungen der Individualpsychologie, denn sie hat damit in der Wahl dessen, was am längsten erinnert wird, das unbewußte Ziel aufgezeigt, auch wenn die Erinnerung selbst ziemlich bewußt ist oder auf Befragen leicht erinnert wird. Richtig verstanden, geben uns diese bewußten Erinnerungen Einblicke in Tiefen der Psyche, die genauso weit reichen wie jene Tiefen, die sich plötzlich während der Behandlung im Unbewußten auftun.

Natürlich glauben wir nicht, daß alle frühen Kindheitserinnerungen richtige Tatsachenwiedergaben sind. Viele sind sogar erfunden, und die meisten dürften zu einer späteren Zeit verändert oder verzerrt worden sein. Doch dies verringert nicht in jedem Fall ihre Bedeutsamkeit. Das Veränderte oder Eingebildete ist für das Ziel des Patienten ebenfalls aufschlußreich, und wenngleich zwischen der Phantasie- und der Erinnerungstätigkeit ein Unterschied besteht, so können wir doch ganz gewiß aus beiden unseren Nutzen ziehen, wenn wir sie in Bezug zu unserem Wissen über andere Faktoren setzen. Ihren Wert und ihre Bedeutung können wir jedoch erst dann richtig einschätzen, wenn wir sie auf den gesamten Lebensstil beziehen und wenn wir ihre Einheit und ihren Einklang mit der Hauptlinie erkennen, in die das Streben des Individuums nach einem Überlegenheitsziel weist. In Erinnerungen, die bis auf die ersten vier oder fünf Lebensjahre zurückgehen, finden wir hauptsächlich Fragmente des jeweiligen Prototyps oder nützliche Hinweise darauf, warum der Lebensplan diese besondere Form angenommen hat. Hier können wir auch die sichersten Anzeichen dafür sammeln, daß der betreffende Mensch sich trainiert hat, die Mängel oder organischen Schwierigkeiten in der frühen Lebensumwelt zu überwinden. In vielen Fällen lassen sich auch Hinweise auf das Maß an Mut und Gemeinschaftsgefühl erkennen. Aufgrund der großen Zahl verwöhnter Kinder, die zur

Behandlung kommen, fehlt das Bild der Mutter in der frühesten Erinnerung ganz selten. Tatsächlich sogar kann ich jedesmal, wenn ich argwöhne, daß der Lebensstil eines verzärtelten Kindes vorliegt, davon ausgehen, daß der betreffende Patient sich an irgend etwas erinnert, das seine Mutter angeht. Die Bedeutung dieser Erinnerung hat er nie verstanden. Er kann unter Umständen auf meine Frage antworten: „Ich saß in einem Zimmer und spielte mit einem Spielzeug, und meine Mutter saß nahe bei mir." Er betrachtet diese Kindheitserinnerung als Sache für sich und denkt gar nicht an ihren Zusammenhang mit der Gesamtstruktur seines psychischen Lebens; und unglücklicherweise tun viele Psychologen das gleiche. Um dieses frühe Wahrnehmungsmuster und seine Bedeutung richtig einschätzen zu können, müssen wir es mit allem in Verbindung setzen, was wir über die gegenwärtige Einstellung des Patienten herausfinden können, bis wir feststellen, wie eins ganz deutlich das andere widerspiegelt. In dem genannten Beispiel sollten wir anfangen, dies zu erkennen, wenn der Patient im Zustand des Alleinseins unter Angst leidet. Das Interesse daran, mit der Mutter verbunden zu sein, kann sich sogar in Form erfundener Erinnerungen durchsetzen, wie bei dem Patienten, der mir erklärte: „Sie werden es nicht glauben, doch ich kann mich daran erinnern, wie ich geboren wurde, und daran, wie mich meine Mutter anschließend in ihren Armen hielt."

Die früheste Erinnerung eines verwöhnten Kindes bezieht sich sehr häufig auf seine Vertreibung durch die Geburt eines jüngeren Bruders oder einer Schwester, und dies reicht von flüchtigen, unschuldigen Erklärungen wie: „Ich erinnere mich, wie meine jüngere Schwester geboren wurde", bis zu Anekdoten, die für die Haltung des Patienten hoch bedeutsam sind. Eine Frau schilderte mir: „Ich erinnere mich, daß ich auf meine jüngere Schwester aufpassen mußte, die auf einem Tisch lag. Sie war aufgeregt und warf die Decken beiseite. Da ich die Decken wieder ordentlich zusammenlegen wollte, zog ich sie von ihr fort, woraufhin sie vom Tisch fiel und sich verletzte." Die Frau war fünfundvierzig Jahre alt, als sie mich aufsuchte. Sie fühlte sich in der Schule, in ihrer Ehe und ihr ganzes Leben hindurch vernachlässigt, wie in ihrer frühen Kindheit, als sie entthront worden war. Einen ähnlichen Fall, der allerdings stärker von Argwohn und

Mißtrauen geprägt war, brachte ein Mann zum Ausdruck, der mir erzählte: „Ich ging mit meiner Mutter und meinem kleinen Bruder zum Marktplatz. Plötzlich begann es zu regnen, und meine Mutter nahm mich auf den Arm, und dann, als ihr einfiel, daß ich der ältere war, setzte sie mich wieder ab und hob meinen Bruder auf." Erfolgreich wie der Mann im Leben war, mißtraute er allen, ganz besonders aber Frauen.

Ein Student von dreißig Jahren kam mit seinen Nöten zu mir. Er konnte sich seinen Prüfungen nicht unterziehen, und er war in einem solchen Spannungszustand, daß er weder schlafen noch sich konzentrieren konnte. Die Symptome ließen seinen Mangel an Vorbereitung und Mut erkennen, und sein Alter ließ die Distanz zur Lösung des Berufsproblems erkennen. Infolge seines Mangels an sozialer Anpassung hatte er keine Freunde und war niemals verliebt gewesen, und seine Sexualität beschränkte sich auf Masturbation und Pollutionen. Seine früheste Erinnerung hatte zum Inhalt, daß er in einem Kinderbettchen lag und sich ringsum die Tapeten und die Vorhänge anschaute. Diese Erinnerung spiegelt die Isolation in seinem späteren Leben und auch sein Interesse an visueller Tätigkeit wider. Er war astigmatisch und bemühte sich, diese Organschwäche zu kompensieren. Wir müssen jedoch bedenken, daß jede Funktion, die ohne Rücksicht auf jede Art von Gemeinschaftsgefühl stark ausgeprägt wird, unter Umständen die Lebensharmonie stören kann. Zu schauen und zu beobachten ist wirklich eine lohnenswerte Tätigkeit, doch es ist möglich, daß daraus eine Zwangsneurose wird, wenn der Patient sich gegen alle anderen Aktivitäten sperrt und jeden Tag nur seine Augen zufriedenstellen will. Es gibt einen Menschentyp, der nur am Sehen interessiert ist, doch es lassen sich nur wenige Tätigkeiten finden, bei denen dieses Interesse sinnvoll eingesetzt werden kann, und selbst diese Tätigkeiten kann ein sozial schlecht angepaßter Mensch nicht entdecken. Unser Patient war, wie wir gesehen haben, kein wirklicher Mitmensch, und so hatte er für sein besonderes Interesse keine sinnvolle Betätigung gefunden.

Die frühesten Kindheitserinnerungen enthüllen nicht selten ein Interesse an Bewegungen, wie etwa an Reisen, Laufen, Autofahren oder Springen. Soweit wir sehen, ist dies charakteristisch für Menschen, die Schwierigkeiten mit dem Arbeitsbeginn haben. Ich fand dies im Fall eines Mannes von fünfundzwanzig Jahren, dem ältesten Sohn einer sehr religiösen Familie, die ihn wegen seines Fehlverhaltens zu mir geschickt hatte. Er war ungehorsam, faul und ein Lügner, er hatte Schulden gemacht und gestohlen. Seine Schwester, drei Jahre jünger als er, war ein umgänglicher Mensch, strebsam, begabt und wohlerzogen; das Wettrennen mit ihm gewann sie spielend. Sein Fehlverhalten begann in der Adoleszenz, und ich bin mir im klaren darüber, daß viele Psychologen dies einem durch das Wachstum der Sexualdrüsen ausgelösten emotionalen „Aufbrausen" zuschreiben würden, eine Theorie, die um so plausibler klingt, als es Fälle frühreifer und schädlicher sexueller Beziehungen gibt, in unserem Beispiel wie auch in anderen. Doch wir fragen uns, warum die vollkommen natürliche Pubertätskrise in diesem und nicht in einem anderen Fall die Ursache moralischen Unglücks sein soll, warum beispielsweise nicht im Falle der Schwester? Unsere Antwort lautet, daß die Schwester sich in einer günstigeren Position befand und daß die Situation des Bruders, wie wir aufgrund unserer Erfahrungen mit sehr vielen Fällen wissen, von besonderer Gefahr bedroht war. Mehr noch, wenn wir tiefer in die Geschichte dieses Falles hineinleuchten, stellen wir fest, daß die Adoleszenz keinerlei Wandel im Lebensstil mit sich brachte. Vor dieser Zeit hatte der Junge nach und nach jede Hoffnung verloren, der erste in einem Leben sozialer Nützlichkeit zu sein, und je hoffnungsloser er sich fühlte, desto mehr beschritt er die leichteren Wege unnützlicher Kompensation.

Die erste Erinnerung des jungen Mannes hatte zum Inhalt: „Ich fuhr den ganzen Tag in einem Bollerwagen umher." Nach seiner Heilung kehrte er zunächst in das Büro seines Vaters zurück, doch schließlich ergriff er den Beruf eines Handlungsreisenden.

Viele erste Kindheitserinnerungen kreisen um Gefahrensituationen, und für gewöhnlich werden sie uns von Menschen geschildert, bei denen der Einsatz von Ängsten einen wichtigen Faktor im Lebensstil bildet. Einmal suchte mich eine verheiratete Frau auf, um mich zu fragen, warum sie stets von Angst gepackt wurde, wenn sie an einer Apotheke vorbeiging. Einige Jahre zuvor hatte sie wegen der Behandlung einer

Tuberkulose lange Zeit in einem Sanatorium zugebracht, und einige Monate, bevor sie zu mir kam, hatte ein Facharzt ihr erklärt, sie sei geheilt und völlig gesund und nunmehr in der Lage, Kinder zu bekommen. Kurz nach dieser vollständigen Absolution durch den Arzt begann sie die Angst zu quälen. Der Zusammenhang liegt auf der Hand. Die Apotheke war eine warnende Erinnerung an ihre Krankheit, war der Versuch, die Vergangenheit dazu zu benutzen, die Zukunft als etwas Bedrohliches hinzustellen. Sie verband die Möglichkeit, ein Kind zu bekommen, mit Gefahr für ihre Gesundheit. Obgleich sie und ihr Mann darin übereinstimmten, daß sie sich ein Kind wünschten, ließ ihr Verhalten ganz klar erkennen, daß sie insgeheim dagegen opponierte. Ihr Widerstand war stärker als alle logischen Argumente, und der Arzt konnte ihn als Fachmann zwar mildern, doch es gelang ihm nicht, das Symptom der Angst zu beseitigen. In diesem wie in vielen ähnlich gelagerten Fällen wissen wir im voraus, daß die wirklichen Gründe tiefer liegen und nur dann aufgedeckt werden können, wenn wir die wichtigsten Strebungen im Lebensstil aufzuspüren vermögen. Es trifft ja so gut wie niemals zu, daß der Widerstand gegen das Kinderkriegen auf objektiven Ängsten vor der Geburt oder vor Krankheiten beruht. In unserem Fall konnten wir leicht herausfinden, daß die Frau ein verwöhntes Kind gewesen war, ein Kind, das im Mittelpunkt des Geschehens stehen wollte. Solche Frauen wollen keinen kleinen Rivalen auf den Schauplatz bringen und argumentieren dagegen mit allen möglichen Mitteln der Vernunft und Unvernunft. Diese Frau hatte sich perfekt auf den Ausdruck von Schwäche und auf die Wahrnehmung von Möglichkeiten trainiert, im Mittelpunkt der Aufmerksamkeit zu stehen. Auf die Frage nach ihrer frühesten Erinnerung erklärte sie: „Ich spielte vor unserem kleinen Haus in den Außenbezirken der Stadt, und meine Mutter hatte schreckliche Angst, als sie sah, wie ich auf die Bretter sprang, die den Brunnen bedeckten."

Ein Philosophiestudent suchte mich auf, um mich wegen seiner Erythrophobie zu konsultieren. Seit frühester Kindheit war er verspottet worden, weil er so leicht errötete, und in den vergangenen zwei Monaten hatte sich dies so verstärkt, daß er sich fürchtete, in ein Restaurant zu gehen, seine

Vorlesungen zu besuchen und sogar das Zimmer zu verlassen. Ich erfuhr, daß ihm in Kürze eine Prüfung bevorstand. Er war ein mutloser, kleinmütiger Mensch, furchtsam und schüchtern, und ob er eine Gesellschaft aufsuchte, arbeitete oder sich in Begleitung eines Mädchens befand, immer litt er unter akuten Gefühlsspannungen. Da er ein sympathikotoner Typ[1] war, erregten diese Spannungen das vegetative Nervensystem. Sein Erröten hatte ihm in der letzten Zeit noch mehr Kummer bereitet, und so begann er es als Vorwand zu benutzen, um sich zurückziehen zu können. Von Kindheit an hatte der Mann gegenüber seiner Mutter, die für seinen jüngeren Bruder eine besondere Vorliebe zeigte, eine starke Antipathie gehabt, und nun glaubte er nicht mehr daran, irgendeinen Erfolg zu erringen, mochte er sich auch noch so anstrengen. Hier seine früheste Kindheitserinnerung: „Als ich fünf Jahre alt war, verließ ich mit meinem dreijährigen Bruder das Haus. Meine Eltern waren sehr aufgeregt, als sie feststellten, daß wir hinausgegangen waren, denn in der Nähe lag ein See, und sie hatten Angst, wir könnten hineingefallen sein. Als wir heimkehrten, bekam ich Schläge." Nach meiner Meinung hieß dies, daß er sein Zuhause nicht mochte, weil er sich dort zurückgesetzt fühlte, und meine Meinung wurde erhärtet, als er hinzufügte: „Schläge erhielt ich, nicht aber mein Bruder." Doch die Entdeckung, daß er sich in einer gefährlichen Situation befunden hatte, beeindruckte ihn nicht weniger, und das spiegelte sich wieder in seinem gegenwärtigen Verhalten, das beherrscht war von der Vorstellung, nicht nach draußen zu gehen, sich nicht zu weit hinauszuwagen. Solche Menschen haben das Gefühl, das Leben sei eine Falle. Und es ist nicht schwer, sich vorzustellen, welche schmerzlichen Erfahrungen dieser Patient beim Zusammensein mit einem Mädchen machte, wenn er das Gefühl hatte, geneckt zu werden und erröten zu müssen, belästigt und belästigend.

[1] Man hat versucht, zwei Typen von Neurotikern – den vagotonischen und den sympathikonen – zu unterscheiden, und zwar je nachdem welcher Bereich des vegetativen Nervensystems samt den dazugehörigen Drüsen zur Überreaktion neigt. Sympathikotonie ist mit erhöhtem Stoffwechsel verbunden.

9. Weitere unnützliche Überlegenheitsziele

Die hochgespanntesten Ziele finden wir bei den patholo-
gischsten Zuständen, das heißt bei den Psychosen. In Fällen
von Schizophrenie finden wir häufig den Wunsch, Jesus
Christus zu sein. Auch in manisch-depressiven Fällen
wünscht der Patient in den manischen Phasen nicht selten,
Retter der Menschheit zu sein, während er in den depressiven
Phasen häufig darüber klagt, der größte Sünder auf Erden zu
sein. Bei der Paranoia strebt der Patient nicht nur danach, im
Mittelpunkt der Aufmerksamkeit zu stehen, sondern glaubt
tatsächlich, er tue es bereits. Die Individualpsychologie hat
nachgewiesen, daß das Überlegenheitsziel sich nur dann in
solchen Höhen festmachen kann, wenn der betreffende
Mensch durch den Verlust allen Interesses an anderen Menschen auch das Interesse an seiner Vernunft und seinem
Verständnis verliert. Mehr noch, die Höhe des Ziels konfrontiert den Menschen nun mit solchen Schwierigkeiten, daß der
common sense für ihn sinnlos wird – unbrauchbar, seine
Probleme zu lösen.
Das Ziel persönlicher Oberherrschaft blockiert den Zugang
zur Realität. Je mehr die Wirklichkeit ihm reale oder gar
verlockende Handlungsmöglichkeiten bietet, desto größere
Anstrengungen unternimmt ein fehlangepaßter Mensch, ihnen auszuweichen, denn sein *Gefühl* von Überlegenheit wird
dadurch proportional verstärkt. Das Endergebnis und die
logische Kulmination einer solchen Lebenslinie ist natürlich
totale Isolierung in einer Heilanstalt.
Die vielleicht kühnsten Überlegenheitsziele zeigen sich in
Fällen allgemeiner Paralyse, die gemeinhin mit dem auffällig-
sten Verlust an Gemeinschaftsgefühl und geistiger Kontrolle
einhergeht. Doch alle Fälle caesarischen Irrsinns lassen das
gleiche Ziel von Gottähnlichkeit bei Fehlen jeglichen Gemeinschaftsgefühls erkennen; mehr noch – und dies steht in
Einklang mit all unseren Befunden –, es findet sich bei ihnen
stets ein hoher Grad an Feigheit. Desgleichen, immer wenn

wir auf eine auffällige Gefühllosigkeit gegenüber den Schmerzen anderer oder eine Geringschätzung des Lebens anderer Menschen stoßen – wie bei Mördern oder bestimmten anderen Kriminellen –, können wir die Vorbereitungen dieser Entwicklung verfolgen: es geschieht durch absichtliches Durchbrechen der Grenzen des Gemeinschaftsgefühls, unter dem Druck von Feigheit und mit dem Ziel, Entlastung auf der unnützlichen Seite des Lebens zu finden. Jeder Mörder ist ein Feigling, der von der Vorstellung vergiftet ist, ein Held zu sein. Ich glaube, die wahre Psychologie solcher Tendenzen sollte der ganzen Menschheit nahegebracht werden; diese Aufklärung würde viel dazu beitragen, „Wellen von Verbrechen" zu verhindern. Denn Kriminelle ziehen viel Anreiz aus dem vorherrschenden Aberglauben, Verbrechen sei zumindest mutig, wo doch in Wahrheit selbst das tollkühnste Verbrechen zutiefst von Angst motiviert ist.

Die Entwicklung einer kriminellen Tendenz hat etwas gemeinsam mit der Faszination durch unnützliche Spiele; gelegentlich wird das Verlangen offenkundig, einen Rekord zu brechen, und einer der stärksten Verbrechensanreize ist das Gefühl, das Gesetz und die Polizei zu überwinden. Auf der unnützlichen Seite des Lebens winkt eine ganz erhebliche Belohnung, denn der betreffende Mensch kann sich in dem Gefühl sonnen, die Welt eigenhändig geschlagen zu haben. Und da laut bestimmten Statistiken über vierzig Prozent der Straftaten unaufgedeckt bleiben, daß heißt, der Täter nicht aufgespürt wird, hat beinahe jeder Verbrecher die Erfahrung gemacht, daß er eine Straftat begehen kann, ohne entdeckt zu werden. Für ein Hasenherz ist die Möglichkeit, der Polizei eine lange Nase zu machen, sehr verlockend.

Das Ziel persönlicher Überlegenheit erhebt in jedem Fall eine der drei Lebensfragen über jedes normale Maß hinaus. So stellen wir fest, daß das Erfolgsideal eines Menschen auf unnatürliche Weise auf ein berüchtigtes gesellschaftliches Image, auf Geschäftserfolg oder auf sexuelle Eroberungen beschränkt ist. So sehen wir den gesellschaftlichen Karrieremacher, kämpfend und neidisch; den Geschäftsmagnaten, der seine Interessen auf Kosten aller anderen Menschen ausweitet; und den Schwerenöter, den Möchte-gern-Don-Juan. Jeder stört die Harmonie seines Lebens, indem er auf diese

Weise viele notwendige Forderungen unerfüllt läßt, und sucht dann durch noch verbissenere Anstrengungen in seinem eingeengten Handlungsbereich den Mangel zu kompensieren.

Auf dem Felde der Sexualperversion findet das Ziel seinen Ausdruck in einer rein fiktiven Form. Das tritt besonders beim sadistischen Typ zu Tage, einem Typ, unter dem ich Menschen verstehe, deren Wille zu herrschen verbunden ist mit sexueller Verwirrung. Für das Verständnis der psychischen Struktur von Perversion war es ein bemerkenswerter Fortschritt, als wir nachweisen konnten, daß auch die Symptome masochistischer Fälle durch ein persönliches Überlegenheitsziel bestimmt sind. Die ichbezogene Tendenz in den Phantasien von Masochisten wie auch in ihren Handlungen ist eindeutig diagnostiziert worden. Die *masochistische Attitüde* läßt sich in die Worte kleiden: „Ich stehe nicht unter dem Einfluß deiner Anziehungskraft. Vielmehr bist du es, der tun muß, was ich von dir will." Wenngleich die Tendenz, die damit verbunden ist, stärker im Sadismus zum Ausdruck kommt, so hat es der Sadist doch offensichtlich schwerer, seine Forderung durchzusetzen, als der Masochist seine „Forderung nach Schlägen". Allerdings finden wir Menschen, die eine Mischung aus masochistischen und sadistischen Verhalten zur Schau stellen.

Nach meiner Feststellung besteht die Absicht der meisten masochistischen Menschen darin, Liebe und Ehe zu entfliehen, weil sie sich nicht stark genug fühlen, die Gefahr einer Niederlage einzugehen. Sie betrachten das Vermeiden von Niederlagen, selbst auf dem Wege schimpflicher Flucht, ganz genauso wie ein Überlegenheitsziel. Mittels ihrer masochistischen Tendenzen können sie all die wirklich für sie in Frage kommenden Mitglieder des anderen Geschlechts von sich fernhalten. Im Falle eines Mannes, den ich von Homosexualität heilte, ging der Patient so weit, daß er eine masochistische Beziehung zu einer Prostituierten aufnahm. Über seine Homosexualität verschloß er sich *allen* Frauen, und in seinen masochistischen Perioden hielt er sich alle Frauen fern, um die zu bemühen es sich *gelohnt* hätte.

Ähnlich stellen wir bei Mädchen, die sich masochistischen Phantasien hingeben, häufig fest, daß das von ihnen angestrebte Überlegenheitsziel die Form des Zölibats annimmt.

Liebe und Ehe können sie sich nur als Tortur vorstellen, und diese Zölibatsphantasie stellt in sich eine Gratifikation dar, die mit ihren masochistischen Tendenzen in Einklang steht. Bei Masturbation, ob körperlich oder geistig, ist stets eine gewisse Folgerichtigkeit vorhanden, denn diese sexuelle Attitüde ist dem isolierten Individuum angemessen. Richtig interpretiert, ist es der Wunsch, sexuelle Partnerschaft auszuschließen. In solchen Fällen neigt der Patient immer dazu, einen Partner als Urheber seiner oder ihrer Erniedrigung anzusehen, und diese Vorstellung äußert sich in Phantasien, selbst wenn sie in der Realität gemieden wird.

Eine Art, sich Überlegenheitsgefühle zu verschaffen, besteht darin, andere zu reizen. Eltern oder Lehrer, Ehemänner oder Ehefrauen, wie der Fall gerade liegt, werden mehr oder weniger subtil verärgert, bis sie einen Wutanfall bekommen und anzugreifen oder zu bestrafen beginnen. Für viele Kinder ist dieser Beweis ihrer Macht eine große Befriedigung, und häufig lenken sie ein, wenn sie die gewünschte Reaktion erreicht haben. Noch antisozialer ist das auf der Verletzung anderer Menschen beruhende Überlegenheitsziel. In seinem Dienst wird jeder geringste Anhaltspunkt, der gegen einen anderen Menschen zu sprechen scheint, wie unterschiedliche Nationalität, Lebensstandard, vorgerücktes Alter bei Frauen und ungewöhnliche Merkmale wie rote Haare oder vorstehende Nase oder Zähne, mit maliziöser Genugtuung gesammelt, denn auf all diese realen oder vermeintlichen Benachteiligungen anderer Menschen ist das neurotische Minderwertigkeitsgefühl versessen, als könnte es seine eigene Leere durch die Betrachtung eines noch größeren Vakuums anderswo füllen. Und natürlich können durch solche Aktivität dem Menschen, der angegriffen wird, Minderwertigkeitsgefühle eingeflößt werden.

Die Höhe des Ziels tritt unverhüllt in Wachträumen zu Tage, in denen der Wunsch, der reichste Mann zu sein, ein Herrscher oder ein Pionier, eine imaginäre Befriedigung findet, das heißt stets eine Vorstellung von Größe und Überlegenheit in der Lebenslinie des betreffenden Menschen, worum es sich auch handeln mag.

In dieser Vorstellung findet auch das Maß an Gemeinschaftsgefühl seinen Ausdruck. Beispielsweise lassen Phantasien über Lebensrettung, Aufhalten durchgehender Pferde oder Retten von Ertrinkenden eine sozialere Tendenz erkennen als Vorstellungen von Foltern und Qualen. Weit verbreitet unter Kindern ist die Phantasie, daß sie nicht wirklich zu ihren Eltern gehören. Sie weist auf Unzufriedenheit mit den Eltern aus irgendeinem Grunde hin und läßt die Kinder glauben, sie seien die geheimen Sprößlinge adeliger Eltern. Diese besondere Tendenz bekundet sich in der Massenpsychologie durch die Tatsache, daß in Mythen und Legenden die Helden immer die Söhne oder Töchter von Göttern oder Halbgöttern sind, oder zumindest sind sie, ohne daß es jemand weiß, von königlicher Abkunft oder die Erben großer Macht und Reichtümer.

Doppelte Abkehr von der Wirklichkeit

Es gibt Tagträume von wahrhaft masochistischem oder sadistischem Charakter, bei denen der Träumer nur als Beobachter und nicht als Handelnder auftritt; er genießt das Schauspiel der Macht, das der Eroberer bietet, oder identifiziert seine Gefühle mit denen des schwächeren Menschen. Diese Träume mit stellvertretender Befriedigung sind natürlich eine doppelte Abkehr von der Realität und weisen auf einen noch größeren Mangel an Mut hin. So war es im Fall eines zweiunddreißigjährigen Mannes, der unter Erythrophobie litt. Er glaubte, die Leute könnten gar nicht anders, als ihn ständig anzuschauen, wohin er auch ging, und so wurde er immer rot. Er war kleinwüchsig, schielte nach innen und hinkte auch, da ein Bein kürzer war als das andere. Von seiner Mutter war er verzärtelt worden, doch seine Brüder und Schwestern hatten ihn nicht gemocht und ihn unterdrückt. Als er in die Schule kam, nahm er folglich gegenüber seinen Schulkameraden eine falsche Haltung ein, versuchte jedoch seine persönliche Überlegenheit zu beweisen, indem er ein ausgezeichneter Sportler wurde. Doch auch diese Leistung vermochte ihm nicht genügend allgemeine Aufmerksamkeit einzubringen, und so bemühte er sich, statt dessen das Mitleid anderer zu erregen. Als auch dies ihn nicht zufriedenstellen konnte, zog er die Aufmerksamkeit auf sich, indem er den Clown und den Narren spielte. Schließlich, als er daran verzweifelte, die gewünschte Hochachtung zu gewinnen, gab er auf und suchte sowohl der Gesellschaft wie der Liebe zu entfliehen. Wann immer er auf Menschen traf, auf der Straße, in Restaurants oder im Theater, verspürte er eine starke psychische Spannung, und da er ein vasomotorischer Menschentyp war, äußerte sich diese Spannung bei ihm durch Erröten und Angstgefühle. Zur gleichen Zeit erfaßte ihn eine paranoide Furcht, jeder Polizist erkenne in ihm eine verdächtige Person. Als Ergebnis all dieser Symptome isolierte er sich weitgehend und konnte nur den leichtesten Gelegenheitsarbeiten nachgehen.

Die Tagträume dieses Mannes, und das ist der entscheidende Punkt seiner Geschichte, waren großenteils sexuelle Phantasien. Sein Sexualleben bestand natürlich aus Masturbation, doch in seinen Phantasien kam die Tatsache, daß er weit davon entfernt war, das Sexualproblem zu lösen, dadurch zum Ausdruck, daß er sich Jungen vorstellte, die einander schlugen, während er als „lachender Dritter" dabeistand.

Als letzten Ausweg suchte er sich im Geschäftsleben zu betätigen und wollte Kaufmann werden, doch als er erneut feststellte, daß er nicht geschätzt wurde, entwickelte er eine weitere paranoide Vorstellung, die zum Inhalt hatte, alle seine Kollegen hätten sich gegen ihn verschworen. Er wurde vom Büro aus in ein Sanatorium eingewiesen, wo er einer Frau begegnete, die ihm große Sympathie entgegenbrachte. Obwohl er sich bis zu diesem Zeitpunkt jedem Lebensproblem entzogen hatte, spürte er nunmehr den Drang, in der Liebe weiterzukommen. Doch das alte Gefühl der Hoffnungslosigkeit und der Mangel an Mut dauerten an. Er hatte lange Zeit zuvor seine Position als Beobachter im Lebenskampf bezogen, und nun hatte sich eine Situation ergeben, die diese Position gefährdete. Und so erschoß er sich eines Tages.

Der aufgeblasene rote Frosch

Rotes Haar wird zuweilen als ausreichender Grund für ein Minderwertigkeitsgefühl angesehen, und die Rolle, die es beim Entstehen einer Neurose spielen kann, wird in folgendem Fall deutlich. Ein Mann von fünfundvierzig Jahren klagte über Herzbeschwerden, die zunächst als organische und dann als neurotische Störung diagnostiziert worden waren. Als Kind war der Mann von seiner Mutter über die Maßen verwöhnt worden, und weil er sich bemühte, seine Kameraden zu beherrschen, war er bei ihnen nicht sonderlich beliebt. Sie hatten ständig über seinen „Rotkopf" gespottet. Er war zu ungesellig, als daß er Freunde gewann, doch in der Schule war er sehr erfolgreich.

Später wurde er zwei Jahre lang psychoanalytisch behandelt. Der Arzt, bei dem er in Behandlung war, riet ihm, eine seiner Patientinnen zu heiraten. Natürlich konnte er bei einem solchen Mangel an Gemeinschaftsgefühl auch keinen Erfolg in der Ehe haben. Er versuchte seine Frau auf absurde Art und Weise zu lenken und zu beherrschen, und wenn sie sich ihm auf irgendeine Weise widersetzte, geriet er in starke Erregung und sein Puls stieg auf hundertundfünfzig Schläge in der Minute an.

Solche Herzbeschwerden sind nach unserer Beobachtung oft das Ergebnis von Luftschlucken. Diese Gewohnheit steht auch in Verbindung mit Asthma, Magenbeschwerden, Mittelohrentzündung und sogar Scheinschwangerschaft. Für gewöhnlich weiß der Patient nichts davon, und meine Erfahrung läßt mich vermuten, daß dieses Verhalten oft im Schlaf auftritt. Es ist anzunehmen, daß es bei morgendlichem und vor allem bei hysterischem Erbrechen eine Rolle spielt. Die Gewohnheit des Luftschluckens wird durch starke psychische Spannung ausgelöst, für die wiederum übermäßige Gefühle von Unzulänglichkeit verantwortlich sind. Dem Symptom liegt wahrscheinlich eine tief im menschlichen Wesen verankerte Tendenz zugrunde, da es so häufig in Krisenzeiten auftritt, wie etwa während einer Prüfung oder beim Liebeswerben.

Luftschlucken war auch in unserem Falle das Übel. Nachdem ihm die psychischen Mechanismen erklärt worden waren, hatte der Mann einen Traum, den er mit den Worten schilderte: „Ich sah einen roten Frosch, der mit Luft aufgeblasen war." Es ist interessant zu beobachten, wie leicht die Aufmerksamkeit eines Patienten vom wahren Zusammenhang seines Falles abgelenkt werden kann. Er behandelte seinen Traum, als wäre er ein Geheimnis, das er nicht verstehen könne. Ich deutete dem Patienten seinen Traum und erklärte ihm, während des Schlafes habe er vollkommen verstanden, was er tue, und sein Traum lasse sich in die Worte kleiden: „Ich bin wie der rote Frosch, ich leide unter meiner ungewöhnlichen Haarfarbe und versuche mich zu einem größeren Mann aufzublasen, als ich in Wahrheit bin." In seiner Kritik an meiner Erklärung ließ der Mann jedoch erkennen, daß er nicht verstehen wollte.

Der Mann, der seine Cousine heiraten wollte

In den höchsten Zielen persönlicher Überlegenheit und Vorherrschaft wird häufig der männliche Protest sichtbar. Ein Mann von vierzig Jahren kam zu mir in einem Zustand nervöser Gereiztheit, weil er sich, wie in einem Anfall von Unkontrollierbarkeit, gezwungen wähnte, seine Cousine zu heiraten. Eheschließung mit einem nahen Verwandten, ob in Wirklichkeit oder in der Phantasie, weist im allgemeinen daraufhin, daß der Betreffende Angst vor dem anderen Geschlecht hat, denn Inzest widerspricht dem common sense, der nach einer mutigen Mischung des Bluts verlangt. Inzestuöse Neigungen sind auf Neid und ein Gefühl sozialer Unzulänglichkeit zurückzuführen. Unser Patient hatte Gefühlsimpulse in Richtung Liebe und Ehe stets von sich gewiesen. Er versagte sich verschiedene Gratifikationen, wie Theaterbesuche und Fleischessen – kurz zuvor war er Vegetarier geworden –, maß der Keuschheit größte Bedeutung bei und geriet in höchste Aufregung, wenn er in seinem Büro mit einer weiblichen Klientin Geschäfte abwickeln sollte. Er war ältester Sohn, den die Absetzung durch einen jüngeren Bruder aufgebracht und der auch das Gefühl gehabt hatte, seine Mutter vernachlässige ihn und schiebe ihn ab, weshalb er sich seinem Vater stärker zugewandt hatte. Seine Kritik an der Mutter und später dann an allen Frauen war sehr hart. Seine früheste Erinnerung lautete: „Als ich vier Jahre alt war, zogen wir um. In der Nähe der neuen Wohnung traf ich auf eine merkwürdige Frau, die ich in einen Graben stoßen wollte." Er erinnerte sich auch daran, daß seine Gefühle gegenüber seiner Großmutter höchst feindselig gewesen waren.

Der Mann war nun in ein Alter gekommen, in dem es natürlich ist zu heiraten, und er spürte auch das Verlangen danach, doch wollte es nicht auf normale Weise tun. So suchte er sich denn eine nahe Verwandte als Art Kompromiß aus. Gleichzeitig ließen sein Zwangsgefühl und die plötzliche Reue in dem gesamten Arrangement etwas Tieferliegendes aufleuchten. In Wirklichkeit wollte er sich tiefinnerst davor warnen, sich jemals im Leben einem Mädchen zu nähern. So inszenierte er ein kleines Warnspiel, in dem mir natürlich die Rolle eines weisen Ratgebers zufiel, der ihn vor der Heirat warnen sollte, und der ihm klarmachen würde, daß sein Wunsch zu heiraten Ausdruck einer Neurose war.

Eifersucht wird häufig dazu verwandt, eine Überlegenheitsbeziehung herzustellen. Der eifersüchtige Partner legt Verhaltensregeln für den anderen fest und setzt sie mit Vorwürfen und Anzeichen moralischer Mißbilligung durch. Der Mensch, gegen den sich ein solches Verhalten richtet, wird dadurch aus der Position eines Partners in die eines unehrenhaften Dieners erniedrigt, und das gibt dem eifersüchtigen Partner ein Gefühl relativer Überlegenheit. Eifersucht findet sich auch in Verbindung mit Paranoia und Alkoholismus, bei denen sie auf grundsätzlich ähnliche Weise eingesetzt wird. In beiden Fällen treibt ein akuter Mangel an Selbstvertrauen den Patienten dazu, durch phantasierte Quälerei des Sexualpartners nach Überlegenheit zu streben. Es trifft nicht zu, daß Alkoholismus in diesen Fällen, wie oft behauptet wird, zur Impotenz führt. Bei solchen Störungen verbinden sich Alkoholismus, Impotenz und Eifersucht in dem unnützlichen Bestreben, fehlende soziale Anpassung, mangelnden Mut und Verlust an Selbstvertrauen zu kompensieren, und als Gesamterscheinung deuten sie auf eine zunehmend ichbezogene Einstellung hin.

Die Frau, die mit sechzig eifersüchtig wurde

Die echte Form der Paranoia, die spät im Leben auftritt, geht gelegentlich mit Fällen von halluzinatorischer Eifersucht einher, die in Wirklichkeit dazu geschaffen ist, den Zustand der Hilflosigkeit zu kompensieren. Ein Fall dieser Art ist der einer Frau, die einst sehr wohlhabend gewesen war und sich jeden Luxus leisten konnte, dann aber sehr arm wurde. Ihre zwei verheirateten Töchter unterstützen sie und ihren Mann und verschafften ihnen den Luxus, an den sie gewöhnt waren. Die Frau fühlte sich jedoch im Stich gelassen und unfähig, sich den neuen Beschränkungen anzupassen, denn sie war zu sehr an Extravaganz und Macht gewöhnt gewesen. Ihre Töchter, die mit ihren Familien beschäftigt waren, widmeten ihr für ihren Geschmack zu wenig Aufmerksamkeit, und alles, was ihr blieb, war ihr Mann, bei dem sie für all das, was sie verloren hatte, Kompensation zu finden suchte. Für ihn war es natürlich unmöglich, eine solche Position zu akzeptieren; nur völliger Gehorsam und Unterwürfigkeit auf seiner Seite hätten ihr das gewünschte Gefühl persönlicher Überlegenheit gegeben, doch seine Ergebenheit entsprach keineswegs ihren Forderungen. Das verstärkte ihr bereits verletztes Gefühl von Würde, und in einer Anstrengung, ihre Vorherrschaft zu erzwingen, beschuldigte sie ihren Mann der Untreue, obwohl er bereits siebzig Jahre alt war und sie sechzig. In ihrem Haus lebte ein junges Dienstmädchen, und die Frau deutete die Freundlichkeit ihres Mannes gegenüber dieser jungen Frau als Zeichen von Intimität. Von da an bildete sie sich ein, jedes Geräusch, das sie im Haus bei Tag oder Nacht hörte, sei eine Bestätigung für ihre Annahme. Die Hausangestellte kündigte schließlich und nahm eine Stellung in einer anderen Stadt an, doch die Patientin war nicht davon zu überzeugen, daß sie nicht mehr in der Nachbarschaft weilte, sondern glaubte, sie höre nachts ihr Klopfen an der Tür, und argwöhnte, sie halte durch Anzeigen in den Zeitungen weiterhin Kontakt mit ihrem Mann aufrecht.

Es ist nicht schwer zu verstehen, warum sie von ihrer Eifersucht nicht lassen konnte. Die Einstellung ihres Mannes und ihrer Töchter ihr gegenüber hatte sich gewandelt seit der Zeit, da sie im Mittelpunkt der Aufmerksamkeit ihrer Familie gelebt hatte. Sie verzweifelte nun an der Realität, doch sie hatte immer noch das gleiche Überlegenheitsziel, und die Eifersucht ermöglichte es ihr, durch eine anklagende Attitüde dafür zu sorgen, daß die Umstände weiterhin um die Frage ihrer persönlichen Privilegien kreisten.

Es gibt jedoch viele Fälle, in denen Patienten sich der Eifersucht hingeben, ohne sich selbst gegenüber auch nur einen Augenblick zuzugeben, daß es so ist. Das kommt wahrscheinlich daher, daß Eifersucht als ein minderwertiges Gefühl angesehen wird und somit in Konflikt mit dem bewußten Selbstwertgefühl gerät.

Eine Patientin klagte über Halsschmerzen, die von Zeit zu Zeit wiederkehrten, vor allem wenn sie sich unzufrieden fühlte. Die Patientin war fast zwanzig Jahre verheiratet, und die Ehe wurde als sehr glücklich angesehen. Der Mann war von freundlicher Art, wenn auch schwach; sie hatten eine erwachsene Tochter, und sie lebten in sehr guten Verhältnissen. Seit einem Jahr litt die Patientin unter besagten Schmerzen, die von der Brust in beide Arme ausstrahlten, und man hatte zunächst als Ursache eine Angina pectoris angenommen. Doch als man keine organischen Symptome entdecken konnte und die Schmerzen stets nach einer psychischen Störung auftraten, lag es nahe, eine Neurose (Pseudo-Angina) zu diagnostizieren. Einige Zeit vor Auftreten dieser Symptome hatte sie ein merkwürdiges Gefühl in den Beinen verspürt, so als wenn sie gefesselt wären, und sie war nicht in der Lage, sie zu bewegen. Die späteren Symptome beschrieb sie als sehr schmerzhaft; sie dauerten mehrere Minuten und endeten mit Erbrechen. Genauere Untersuchung brachte die Tatsache ans Licht, daß die Schmerzen von der Brustbeingegend zur Kehle aufstiegen und mit häufigem Erbrechen, Flatulenz und gelegentlicher Blähsucht verbunden waren. Wo wir auf derart symptomatische Komplikationen stoßen, würde ich dem praktischen Arzt immer empfehlen, eine Aerophagie (hysterisches Luftschlucken) in Erwägung zu ziehen, eine Diagnose, die ich, wie im vorliegenden Fall, abklären könnte, während ich mit dem Patienten spreche.

Unsere Patientin war aus dem Ausland zu mir gekommen. Nach ihrer Ankunft in Wien hatte ihr Ehemann sie verlassen, um einige Zeit in Berlin zuzubringen. In der Nacht seiner Abreise konnte sie nicht schlafen, und als ich sie fragte, welche Gedanken ihr durch den Kopf gegangen waren, als sie wach im Bett lag, antwortete sie: „Ich stellte mir immer vor, wie weit mein Mann noch von Berlin entfernt war." Diese

Äußerung machte mir klar, daß die Frau fortwährend daran dachte, wo ihr Mann war, und sich fragte, was er wohl tat. Die Tatsache, daß ihre Ehe glücklich war, ließ es noch verständlicher erscheinen, daß sie angestrengt nach Bedrohungen Ausschau hielt. Solche Umstände sind ein fruchtbarer Boden für eifersüchtige Ängste, vor allem wenn es sich um eine Frau handelt, die so ehrgeizig ist wie unsere Patientin.

Nach der zweiten Nacht brachte sie folgenden Traum vor: „Jemand zeigte mir ein Kalb, das lahmte und nicht imstande war zu laufen. Der Mensch befahl mir, es zu schlachten." Die Unfähigkeit zu gehen erinnerte an einige ihrer eigenen Symptome, und somit war die Annahme berechtigt, daß sie sich mit dem Kalb identifizierte. In diesem Zusammenhang stand das Schlachten des Kalbes für Selbstmord, in diesem Falle wahrscheinlich durch Durchschneiden der Kehle, doch die Lahmheit stand noch für mehr. Die Patientin brachte mich ein großes Stück weiter, als sie erzählte, daß ein Freund ihres Mannes als Folge einer gonorrhoischen Arthritis unter Ankylose (Gelenkversteifung) litt.

Angst vor Syphilis

Wie verletzte Eifersucht sich in den Dienst eines neurotischen Zieles stellen läßt, verdeutlicht der Fall eines achtunddreißigjährigen Mannes, der unter Agoraphobie (Platzangst) litt. Er war ziemlich intelligent, doch seine Behinderung machte sowohl Arbeit wie gesellschaftliche Beziehungen unmöglich. Die Neurose folgte auf eine Enttäuschung, als das Mädchen, mit dem er verlobt war, ihm untreu wurde. Man gab ihm anschließend den Rat, in einem anderen Teil des Landes eine gute Stellung anzunehmen, damit er sein Unglück vergessen könne, und das tat er dann auch, doch nach wenigen Tagen an der neuen Arbeitsstelle hatte er seinen ersten Angstanfall, erlitt einen Todesschreck und begab sich eilends zu seiner Mutter zurück, bei der er von diesem Zeitpunkt an lebte, bis ich ihn zu Gesicht bekam. Er erzählte mir, einige Tage vor dem ersten Angstanfall habe er ununterbrochen an Syphilis gedacht und daran, wie leicht er sich anstecken könne. Dies muß man als Selbstvorbereitung durch entsprechendes Nachdenken verstehen, als Selbstvorbereitung darauf, sich allen

Frauen fernzuhalten und sich nur der Obhut seiner Mutter anzuvertrauen. Sein Verhalten ist das eines verwöhnten Kindes, das beim geringsten Anlaß vor der Welt flüchtet und sich nur in Gegenwart seiner Mutter sicher fühlt. Seine früheste Erinnerung war ein Abriß seines Lebensplanes: „Als ich vier Jahre alt war, hielt ich mich mit meiner Mutter in einem Zimmer auf, und ich erinnere mich daran, daß ich aus dem Fenster schaute und auf der Straße Menschen arbeiten sah." Dieses Erinnerungsfragment läßt sein abnormes Bedürfnis nach einer beschützten Position erkennen und sein Interesse am Beobachten (er war kurzsichtig), „wie andere arbeiten". Mit seiner Mutter zusammenzusein und andere bei der Arbeit zu beobachten war für ihn die einzige Möglichkeit, Spannung und Angst zu entrinnen. Nach seiner Heilung begann er in einem Geschäft als Innendekorateur zu arbeiten.

Sich vor der männlichen Rolle drücken

Frühe Erinnerungen liefern häufig wichtige Hinweise darauf, wie die jeweilige sexuelle Einstellung aufgebaut worden ist. Dies zeigt sich sehr deutlich am Fall eines vierzehnjährigen Jungen, der dem Leben gegenüber eine sehr fordernde Einstellung einnahm. Der verwöhnte Junge war ein schlechter Sportler, der große Schwierigkeiten hatte, das Schwimmen zu lernen, und der nicht gewillt war, zu arbeiten oder irgend etwas zu lernen, vor allem keine Mathematik. Mathematik ist bei diesem Typ häufig die Hauptschwierigkeit, wahrscheinlich weil sie ein großes Maß an unabhängiger Arbeitshingabe erfordert. Er gestand seiner Mutter, seiner besten Kameradin, daß er seit einiger Zeit beim Anblick der Muskeln eines Mannes im Schwimmbad oder anderswo leicht in sexuelle Erregung gerate. Das früheste Erlebnis, an das er sich erinnern konnte, hatte zum Inhalt, daß er mit seiner Mutter spazierenging und die Leute beim Anblick seines blonden lockigen Haares erklärten: „Was für ein hübsches Mädchen!" Als er jedoch gefragt wurde, ob er gern ein Mädchen sein wolle, verneinte er dies nachdrücklich. Nach seiner bewußten Meinung war es besser, ein Mann als eine Frau zu sein, doch da er in Wirklichkeit alles leichter haben wollte, drückte er sich instinktiv vor der notwendigen Vorbereitung auf die männliche Rolle, und sein Ziel war es, Verehrung und Aufmerksamkeit zu erlangen, geradeso als wenn er ein Mädchen wäre. Das erschien durchaus möglich zu sein, denn es war eine Freude, ihn anzuschauen, doch in jeder anderen Beziehung war für ihn Erfolg schwierig und zweifelhaft, so daß er seine Zuflucht zu Nichtstun oder Unfähigkeit nahm. Solch ein Lebensstil, und das muß man sich ganz klarmachen, gibt dem Patienten ein Gefühl relativer Macht oder Herrschaft. Zu diesem Lebensstil gehört eine starke Abneigung gegen alle Situationen, die man nicht zu steuern vermag, so daß wir nicht überrascht zu sein brauchen, wenn wir erfahren, daß unser Junge eine übertriebene Angst vor Gewittern hatte. Ein Gewitter ist ein besonders gutes Beispiel für etwas, was man nicht herbeiführen oder kontrollieren kann. Bei dem hochfahrenden Ehrgeiz eines zweiten und jüngsten Kindes hatte sich dieser Junge durch seine offensichtlichen Niederlagen entmutigen lassen, einen angemessenen Erfolg als Mann ins Auge zu fassen. Daher sein Bemühen, sich ein homosexuelles Ziel zu setzen, passiv zu regieren, und zwar durch geliebt und verehrt werden.

Ein Mädchen mit masochistischen Phantasien

In vielen Fällen gibt sich ein Stück des Prototyps zu erkennen, wenn der Patient in einem Traum, einer Phantasie oder in einer frühen Kindheitserinnerung Gedanken an eine hohe Überlegenheit bekundet. So erklärte mir einmal eine junge Frau von zwanzig Jahren: „Ich habe eine alte und natürlich eingebildete Erinnerung daran, daß ich einmal hoch auf einer Wolke dahinschwebte." Sie war ein äußerst hübsches Kind gewesen, verwöhnt durch ihren Vater, der Selbstmord begangen hatte, als sie vierzehn Jahre alt war. Wie wir wissen, ist es stets die zweitbeste Alternative, sich an den Vater zu hängen, und es weist auf Unzufriedenheit mit der Mutter hin; wie ich erwartet hatte, hatte die Patientin eine jüngere Schwester. Nach dem Tode des Vaters wandelte sie sich in ihrem Äußeren, sie sah nicht mehr so gut aus wie vorher. Die jüngere Schwester war jetzt anziehender als sie, und die Mutter verwendete all ihre Fürsorge auf einen älteren Bruder, der seit geraumer Zeit krank war. So hatte dieses verwöhnte

Mädchen niemanden mehr, der sich besonders um sie kümmerte, und sie begann um Aufmerksamkeit zu kämpfen, vor
allem da ihr Bruder ihr gegenüber feindselig eingestellt war.
Um diese Zeit herum widerfuhr ihr ein gräßlicher Schock. Als
sie eines Tages von der Schule heimkehrte, begegnete sie
einem Mann, der sich exhibitionierte, und sie lief vor Angst
schreiend nach Hause.

Solche Erlebnisse mit Exhibitionisten geschehen häufiger, als
man gemeinhin annimmt. Es gibt viele Männer, die zu feige
sind, nach einer wirklichen Lösung des Lebensproblems
Sexualität zu suchen und die sich auf der Suche nach Entlastung oder Ersatz mit einer teilweisen Äußerung von
Sexualität zufrieden geben. Wenn es sich um visuelle Typen
handelt und ihr Sehen sich nicht auf andere Objekte über-
trägt, werden sie Voyeure oder Exhibitionisten. Ihre Feigheit
bestätigt sich durch die Tatsache, daß sie sich Kindern
nähern.

Der Schock meiner Patientin angesichts des Exhibitionisten
markierte den Anfang einer Agoraphobie. Wir müssen uns
jedoch klarmachen, daß sie sich darin übte, die vorderste
Position auf einer nicht-sexuellen Lebenslinie zu erlangen,
genau wie in ihrer früheren Beziehung zu ihrem Vater. Die
Stärke ihres Ehrgeizes zeigt sich in ihrer frühen Erinnerung,
und die hatte sich auf neurotische Weise noch intensiviert,
weil die Schwester sie überholt, der Bruder sie unterdrückt
und die Mutter sie vernachlässigt hatte. Solch ein Ziel persönlicher Überlegenheit wurde durch Liebe und Ehe gefährdet,
und so suchte sie natürlich diese Möglichkeiten auszuschließen. Von ihrem ersten Erlebnis tatsächlicher Sexualität machte sie besonders viel her, um ihre offene Ablehnung des
Sexuallebens überhaupt vor sich und anderen zu rechtfertigen. Mir fiel auf, daß sie sich in dieser Haltung mit Hilfe
bestimmter Tagträume trainierte, die darauf angelegt waren,
sie mit immer dem gleichen Gedanken zu infizieren. In einem
dieser Träume, der häufig wiederkehrte, vor allem, wenn sie
ein sexuelles Gefühl verspürte, stellte sie sich vor, ein Mann,
der ihrem Bruder ähnelte, werfe sie zu Boden und spucke auf
sie, worauf sie Zufriedenheit empfand.

Nach meiner Erfahrung geben sich Mädchen sehr häufig
solchen masochistischen Phantasien hin, und wenn sie aufgedeckt werden, nimmt man sie als Hinweis darauf, daß bei

ihnen eine Neigung besteht, unterworfen zu werden, was als weibliches Charaktermerkmal gilt. Solch ein Tagtraum ist im Gegenteil die mehr oder weniger komplexe Erfüllung eines Wunsches, der im Grunde genommen ziemlich einfach ist, jedoch das genaue Gegenteil von Unterwürfigkeit darstellt; es handelt sich um den Wunsch, eine wirklich sexuelle Erfahrung mit ihren Möglichkeiten der Niederlage und Erniedrigung auszuschließen. Wir erkennen, daß die Phantasie den Widerstand der Tagträumerin gegenüber der Liebe festigt und zur gleichen Zeit das Sensationsbedürfnis befriedigt; in erster Linie weil die Befriedigung in einer Phantasie bedeutet, daß man sich selbst sagen kann: „Es ist nicht notwendig, eine wirkliche Beziehung zu haben", zweitens weil Befriedigung, die mit der Vorstellung einer Niederlage (in diesem Fall Erniedrigung durch einen Bruder, der sie nicht mochte) vermischt ist, einem das Gefühl vermittelt, daß ein wirkliches Erlebnis höchst unangenehm wäre. Somit ist die Phantasie eine angemessene Betrachtung, gleichsam eine Art Gebet, mit dem das Individuum sich darin übt, vor allem das Interesse an anderen zu verlieren und sodann inbrünstig zu wünschen, der Ehe zu entrinnen. Wo Masochismus sich tatsächlich in Versuchen äußert, masochistische Beziehungen herzustellen, ist das Ziel im wesentlichen das gleiche: eine große Distanz zu natürlichem Verhalten und normalen Bedingungen zu schaffen.

Nichts kann folglich die Wahrheit mehr verfehlen als die Vorstellung, masochistische Phantasien deuteten einen Wunsch nach Unterwerfung an. Meine Patientin hatte ständig Ausschau gehalten nach jemandem, den sie beherrschen könnte, hatte sich an ihre jüngere Schwester geklammert, um ihre gehorsame Sklavin zu sein, und hatte schließlich die Oberhand gewonnen, indem sie durchsetzte, ihre Schwester überallhin zu begleiten. Ihr Zusammenbruch gab ihre Intoleranz gegenüber der geringsten wirklichen Kontrolle über sie zu erkennen: Sie erhielt eine Arbeitsstelle, und als ihr Vorgesetzter sie bat, etwas nach seinem Diktat zu schreiben, war sie dazu nicht imstande.

10. Berufswahl und Schlafstellungen

Wie wir gesehen haben, enthalten die frühesten Erinnerungen häufig Vorstellungen von Gefahr, und nicht weniger häufig sind sie mit starken Eindrücken von Krankheit und Tod verbunden. Man kann leicht verstehen, wie die ersten Erfahrungen mit diesen Ereignissen, vor allem in Verbindung mit Gefahr und Angst, ein Kind mit Minderwertigkeitsgefühlen bedrängen können. Nach aller Wahrscheinlichkeit sind sich nur die menschlichen Lebewesen der Tatsache bewußt, daß der Tod im Lebensschicksal beschlossen ist, und allein dieses Bewußtsein reicht aus, der Menschheit das Gefühl zu geben, sie sei von der Natur auf schreckliche Weise geschlagen. Wenn ein Kind in frühem Alter einen schroffen Kontakt mit dem Tode erlebt, kann unter Umständen der ganze Lebensstil durch diesen einen Eindruck stark geprägt werden. In einem solchen Fall wird die Bedeutung des Todes für das Leben immer stark überschätzt, und wir können häufig beobachten, daß die Aktionen und Reaktionen des Kindes so ausgerichtet werden, daß Entlastung von dieser bedrückenden Vorstellung oder Kompensation dafür gefunden wird. In ihrem Kampf gegen den Tod bedienen sich die Kinder der verschiedensten Tricks. Manche stecken wie Vogel Strauß den Kopf in den Sand, meiden jede mögliche Erinnerung an das Thema, einige entwickeln andere Ängste, die den wirklichen Schrecken aus dem Bewußtsein fernhalten, und es gibt wieder andere, mehr aktiv aufgelegte, die sich zu schützen, zu bewaffnen und den Tod zu überwältigen streben. Bei allen ist der sogenannte Selbsterhaltungstrieb sichtbarer als in normalen Fällen.

Wir haben zwei Methoden, um den Tod mit einiger Siegesgewißheit zu bekämpfen. Die erste besteht darin, die menschliche Art zu erhalten, das heißt, Kinder zu zeugen und aufzuziehen. Bei diesem Kampf, der das Schicksal des einzelnen überwinden soll, können die stärksten Triebe sich verbünden, und das Interesse der Psyche kann sich verstärkt der

Gesellschaft und der Zukunft der Menschheit zuwenden. Diese auf common sense beruhende Kompensation der Todesfurcht umfaßt natürlich die gesündesten Liebesvorstellungen und bedeutet den Ausschluß aller Perversionen. Die zweite, auf individuelleren Ehrgeiz zugeschnittene Methode besteht darin, so zu leben, daß das Leben der Zukunft beeinflußt wird. Dies ist das beherrschende Motiv vieler großer Menschen gewesen, von Menschen, die in Kunst und Wissenschaft Werke von Bestand geschaffen haben, und es ist ein Bestreben, das bei Dichtern am deutlichsten wird. Sowohl bei der Fortzeugung der menschlichen Rasse wie bei dem Fortschritt ihrer Kultur hat dieses seelische Streben nach Sieg über den Tod eine führende Rolle gespielt und tut es immer noch.

Die Tatsache, daß das Werk vieler Dichter und Philosophen weitgehend durch das Verlangen getragen ist, den Tod zu bezwingen, zeigt sich an der Macht des Todes in ihren Betrachtungen und Reflexionen. Wir erkennen sie im „Exegi monumentum aere perennius" von Horaz und in Heines „Nicht in Düsseldorf am Rhein will ich stehn auf taubem Stein." Und Tolstoi schreibt: „Wenn ich nicht weiß, wie ich in irgendeiner Situation handeln soll, stelle ich mir die Frage: Was sollte ich tun, wenn ich morgen sterben werde?"

Die frühe Todesfurcht kann zu einem eher bösen als unnützlichen, wenngleich wirksamen Streben führen. Ich habe bereits wiederholt auf den Fall eines fünfzehnjährigen Jungen verwiesen, der durch den Tod einer älteren Schwester tief beeindruckt war und häufig über den Tod sprach. Auf meine Frage, was er werden wolle, hatte ich eigentlich die Antwort erwartet: „Arzt." Doch er antwortete: „Totengräber, weil ich nicht beerdigt werden will, sondern die anderen beerdigen möchte." Und das tat er auch auf seine Weise, denn er wurde Geschäftsmann, ein Mann, der über Leichen ging und seine Konkurrenten „beerdigte".

Einen ganz anderen Lebensweg schlagen gemeinhin Kinder ein, die ein einschneidendes Todeserlebnis gehabt haben. Sie bilden schon früh den Wunsch aus, Arzt zu werden und alles medizinische Wissen zu erwerben, um zu überleben. In einer Diskussion, die ich einmal in einer medizinischen Gesellschaft eröffnete, berichtete fast jeder Anwesende von Erinnerungen an den Tod, an tödliche Gefahr oder Krankheit eines

Familienmitglieds. Ein professioneller Psychoanalytiker, der sich an der Diskussion beteiligte, widersprach meiner Interpretation dieser Ähnlichkeiten ihrer Erlebnisse, die ich auf viele andere Fälle von frühen Kindheitserinnerungen bei Ärzten beziehen konnte. Er bestand darauf, seine erste Erinnerung sei von ganz anderer Art. Er erinnerte sich, seiner kranken Mutter gesagt zu haben, als er vier Jahre alt war: „Warte noch ein wenig, und wenn ich groß bin, werde ich dir die besten und teuersten Arzneimittel kaufen."

Wenn diese drei Kompensationen nicht greifen, kann die Todesfurcht religiöse Entlastung mit Hilfe des Glaubens an die Unsterblichkeit der Seele finden. Das kann sich in komplizierten Formen äußern wie Reinkarnation oder, noch unvermittelter, in Spiritismus. Der letztere gründet sich auf den Gehalt der Annahme, daß die Geister der Toten sich noch bewegen, handeln und sprechen können, eine Annahme, die wir, wenn realistischere Hoffnungen auf Überwindung der Sterblichkeit fehlen, voll und ganz anerkennen müssen.

Nicht nur bei Ärzten, sondern bei allen Berufstätigen, läßt sich die Berufswahl aufgrund eines vorherrschenden Interesses des psychischen Prototyps vorweg erahnen. Die Entwicklung dieses Interesses bis hin zur konkreten Verwirklichung in der Arbeit ist häufig ein langer Prozeß des Selbsttrainings, bei dem wir beobachten können, wie sich der gleiche Gedanke nach und nach den verschiedenen gegebenen Möglichkeiten anpaßt. So kann ein starkes Interesse am Spiel mit Zinnsoldaten einerseits eine Vorbereitung sein auf eine militärische Laufbahn, andererseits aber auch das Vorspiel zum Erfolg als Leiter eines Warenhauses. Wer mit Nadel und Faden spielt, muß damit nicht unbedingt einen zukünftigen Schneider erkennen lassen; es kann genauso gut der erste Schritt in Richtung auf eine Karriere als Chirurg sein. Mit Puppen spielen ist das Zeichen für ein Interesse, das sich durchaus auf Ehe und Familie hin entwickeln kann, doch es kann auch ein Zeichen dafür sein, daß wir es mit einer künftigen Lehrerin oder Kindergärtnerin zu tun haben.

Ehe wie Beruf erfordern Kraft zu unabhängigen Handlungen sowie die Bereitschaft, die Arbeitsteilung zu akzeptieren. Diese Qualitäten können nicht bestehen ohne ein gewisses Maß an Gemeinschaftsgefühl und Anpassung, und häufig zeigt sich zu jener Zeit, wenn die Wahl eins Berufes notwendig wird, ein Mangel an Sozialanpassung. Ich glaube, die Aufmerksamkeit von Kindern sollte bereits ziemlich früh in ihrem Schulleben auf die Frage gerichtet werden: „Was möchte ich im späteren Leben tun und warum möchte ich es tun?" Die Gedanken, die auf diese Weise zum Vorschein kommen, sind zusammen mit den organischen Mängeln und Besonderheiten unsere besten Hilfen bei der beruflichen Vorbereitung von Schülern. Wir sollten uns nicht nur nach dem am stärksten trainierten Interesse umschauen, sondern auch seine Wurzeln im Lebensstil zu verstehen suchen. Wo immer wir auf eine Fähigkeit stoßen: sie ist das durch die Gesamtheit seiner Umstände angespornte Interesse, in dem das Kind sich geübt hat. Dies tritt so klar zutage, daß wir uns zu dem Glauben berechtigt fühlen, daß jeder alles leisten kann, vorausgesetzt das rechte Training und die richtige Methode sind vorhanden.

Durch die Art und Weise wie das Kind denkt und sich verhält, und durch seine charakteristischen Wahrnehmungen wird das Interesse für seinen künftigen Beruf ausgerichtet und spezialisiert. Das Interesse ist jedoch etwas Ganzes, wird gestärkt oder geschwächt durch das Gefühl des Kindes von der Erreichbarkeit seines Überlegenheitszieles. Im Verlauf seiner Entwicklung wird das Kind sein Ziel in verschiedenen unerreichbaren Formen konkretisieren, die es ohne grundlegende Entmutigung aufgeben können muß. Unsere Aufgabe ist es folglich, das Kind *in der Seele* und nicht im Bewußtsein zu fördern und zu unterstützen. Je enger der soziale Kontakt bleibt, desto mehr auf common sense beruhende Vorstellungen von Überlegenheit werden herausgebildet.

Die Vorstellung eines Kindes von Überlegenheit ist natürlich sehr häufig durch den Wunsch beeinflußt, den Vater in seinem Beruf zu überflügeln. Wenn der Vater also Oberschullehrer ist, wird der Junge unter Umständen Universitätslehrer werden wollen. In der Regel stellen wir fest, daß das Kind um so mehr von der Realität versteht, je mehr die Wahl des Berufs sich ändert. Doch bei jeder Wahl können wir stets den Impuls zur Herrschaft und die Entschlossenheit entdecken, ein Ziel zu erreichen, das bedeutsam ist oder Sicherheit verspricht, oder zumindest Schwierigkeiten oder Niederlagen auszuschließen erlaubt. Von Zeit zu Zeit malt sich das

Kind ein neues Bild von seiner künftigen Betätigung, allerdings stets durch das gleiche prototypische Motiv hervorgerufen. Wenn die tatsächliche Berufswahl getroffen werden muß, sieht sich das Kind einer Realität gegenüber, der es sich lange genähert hat, und diese Realität kann mit Umständen daherkommen, die dem Bestreben des Kindes entweder feindlich oder freundlich sind. Doch das Ziel des Arbeitslebens liegt nunmehr fest, und der Jugendliche wird mit der Realität handelseinig, indem er die Berufstätigkeit in individueller Art und Weise aufnimmt. Welche Bandbreite der Wahl sich ihm auch bieten mag, er entscheidet, *wie* er sich dieser Notwendigkeit zu handeln stellen will, und zwar in Einklang mit all den Fakten, wie er sie versteht. Man kann nicht erwarten, daß die Schlüsse, die er zieht, vollkommen richtig sind. Bei seiner Wahl ist unvermeidlich ein mehr oder minder großer individueller Fehler mit im Spiel. Die Vorstellung seiner Funktion in ihrer idealen Endgestalt wird durch geringfügige Faktoren entstellt. Geld ist einer dieser Faktoren, die in unserer gegenwärtigen Kultur eine insgesamt übertriebene Wichtigkeit angenommen haben. Die Endgestalt kann auch verdunkelt werden durch ein Interesse an langem Leben und Gesundheit, an Sicherheit oder sozialem Ehrgeiz, oder sie kann durch anmaßende oder kritische Tendenzen verzerrt werden.

Bei entmutigten Kindern findet sich im allgemeinen eine zweifelnde oder verzweifelnde Attitüde, und jeder Kampf enthüllt Bewegungen, die in Richtung Flucht vor der Notwendigkeit einer Entscheidung zielen. Sehr häufig zeigt sich dies in der Wahl verschiedener, unzusammenhängender Berufe, in der Ablehnung aller Berufe, in leeren Idealen, Mangel an Wagemut oder in delinquenten Tendenzen.

Es lohnt durchaus der Mühe, all die Berufswahlen, die ein Kind im Laufe seiner Entwicklung trifft, zu vergleichen, denn zusammengenommen lassen sie die Handlungslinie und das Maß an Gemeinschaftsgefühl und Mut erkennen. Wir sollten auch die sonderbarsten und phantastischsten Wahlen nicht übersehen, denn sie beziehen sich in metaphorischer Weise auf die Einstellung, die ein Kind sich anschickt, gegenüber den Forderungen der Realität anzunehmen. Als ich beispielsweise einen Jungen fragte, was er im späteren Leben werden wolle, antwortete er: „Ein Pferd." Er versuchte ständig, sowohl die Bewegung wie die Schnelligkeit eines Pferdes zu imitieren. Im Säuglingsalter hatte er an Endokarditis (Entzündung der Herzklappen) gelitten und war über einen längeren Zeitraum gezwungen gewesen, ganz still im Bett zu liegen. Später sprach er von einer realistischeren Berufswahl, denn er erklärte, er wolle Automobilingenieur werden. Ein anderer Junge, sieben Jahre alt, symbolisierte seinen Ehrgeiz ebenfalls durch den Wunsch, ein Pferd zu werden. Auf die Frage nach dem Grund meinte er: „Mein Vater ist krank, und da ich der Älteste bin, muß ich die Familie unterstützen."

In beiden Fällen wäre es lächerlich, den Grund für die Phantasie in phylogenetischen Einflüssen oder in sexuellen Motiven suchen zu wollen. Der erstgenannte Junge war an Bewegung interessiert, weil die Einschränkung durch seine Krankheit ihm ein besonderes Minderwertigkeitsgefühl eingeflößt hatte. Der zweite Junge benutzte den Gedanken an das Pferd auf ganz andere Weise. Er überlegte, wie er seinen Vater am besten ersetzen und überflügeln könne, und das Pferd war das Symbol für seine Zukunft als Träger einer schweren Last. Eine weitere dieser Tierphantasien fand ich bei einem Jungen von zehn Jahren, der ein Büffel sein wollte und der in einer Haltung, die einen vorwärts stürmenden Büffel nachahmen sollte, von der Schule nach Hause preschte. Er entwickelte sich zu einem Tyrann. Achilles war seine Idealgestalt aus der Geschichte.

Die Körperhaltungen und Attitüden deuten stets auf die Art und Weise hin, in der ein Mensch sich seinem Ziele nähert. Ein Mensch, der aufrecht voranschreitet, zeigt Mut, während ein Erwachsener, der ängstlich und zögernd ist, einen Lebensstil hat, der direkte Handlungen verhindert und in jeder Handlung einen Umweg andeutet. An der Art, wie jemand seine Hand gibt, können wir stets erkennen, ob er Gemeinschaftsgefühl hat und gern mit anderen zusammen sein möchte. Ein völlig normaler Handschlag ist ziemlich selten; er ist gewöhnlich übertrieben, untertrieben oder verrät eine Tendenz, wegzustoßen oder anzuziehen. Es ist auffällig, daß sich in einer Straßenbahn manche Leute seitwärts lehnen; sie möchten gestützt werden und nehmen wenig Rücksicht darauf, ob es die anderen bequem haben oder nicht. Die gleiche soziale Unempfindlichkeit beobachten wir bei Menschen, die vor anderen husten und sich keinerlei Gedanken darüber machen, ob sie sie infizieren. Einige Menschen nehmen bei Betreten eines Raumes die größtmögliche Distanz zu jedem anderen ein. All diese Dinge lassen in ihrer Beobachtung unmittelbarer als im Reden über sie die Einstellungen erkennen, die Menschen dem Leben gegenüber einnehmen.

Die im Schlaf eingenommenen Stellungen sind genauso bedeutsam wie die Haltungen und Bewegungen des Wachlebens. Sehr kleine Kinder schlafen auf dem Rücken, mit erhobenen Armen. Und wenn wir sehen, daß ein Kind in dieser Position schläft, dürfen wir annehmen, daß es gesund ist. Wenn ein Kind diese Haltung ändert und beispielsweise mit gesenkten Armen schläft, besteht der Verdacht auf eine Krankheit. Auch wenn ein Erwachsener für gewöhnlich in einer bestimmten Position schläft und sie plötzlich ändert, können wir vermuten, daß sich in seiner geistigen Einstellung etwas geändert hat. Organische Defekte spielen im Bedingungsgefüge einer Schlafstellung natürlich ihre Rolle. Ein Mensch, der unter Lungen- und Rippenfellentzündung leidet, schläft stets auf der gesundheitlich geschädigten Seite, zuweilen ohne zu wissen, warum er dies tut. Er tut es unbewußt, weil er sich so das Atmen erleichtert. Manche Menschen, die Herzbeschwerden haben oder sich einbilden, glauben, sie könnten nicht auf der linken Seite schlafen. Dafür gibt es keinen organischen Grund, doch sie haben das Gefühl, sie müßten mit der schwächeren Körperseite sorgsam und vorsichtig umgehen.

Wenn wir beobachten, daß ein Mensch auf dem Rücken schläft, ausgestreckt wie ein Soldat auf Wache, können wir dies als Zeichen dafür ansehen, daß er so groß wie möglich erscheinen möchte. Wer wie ein Igel eingerollt liegt, die Bettdecke über den Kopf gezogen, dürfte mit einiger Sicherheit kein strebsamer oder mutiger Charakter sein, sondern er ist wahrscheinlich feige. Wir sollten darauf achten, ihm erst dann eine schwierige Aufgabe zu übertragen, wenn wir herausgefunden haben, wie wir ihm Mut machen können. Ein Mensch, der auf dem Bauch schläft, verrät damit Sturheit und eine negative Einstellung.

Durch Vergleich der Schlafstellungen bei Patienten in verschiedenen Krankenhäusern mit den Berichten über ihr tägliches Leben bin ich zu dem Schluß gelangt, daß die geistige Einstellung sich unverwechselbar in beiden Lebensweisen, im Schlafen wie im Wachen, zum Ausdruck bringt.

Manche Menschen vollziehen im Schlaf eine allmähliche Kehrtwendung, beim Aufwachen liegt ihr Kopf am Fußende, ihre Füße liegen auf dem Kopfkissen. Solche Leute befinden sich psychisch in einer ungewöhnlich starken Oppositionshaltung gegenüber der Welt, sie gehören zu dem neurotischen Typ, der häufig „Nein" sagt, noch ehe er die Frage verstanden hat. Es gibt auch Patienten, die eine halbe Drehung vollführen und ihren Kopf über die Kante der Matratze hängenlassen. Aufgrund dieser Stellung bekommen sie Kopfschmerzen, die im allgemeinen dazu benutzt werden, sich den Forderungen des folgenden Tages zu entziehen.

Ich war ziemlich verblüfft, als ich entdeckte, daß einige Kinder in einer kauernden Haltung schlafen und dabei wie Tiere auf den Knien und den Ellbogen liegen. Doch schließlich fand ich heraus, daß man in dieser Stellung am besten hören kann, was im Nachbarzimmer vor sich geht. Diese Stellung wird von Kindern eingenommen, die stärker als normal den Wunsch verspüren, in Kontakt mit anderen Menschen zu bleiben, sogar im Schlaf, und sie möchten im allgemeinen bei offener Tür zu Bett gehen.

So haben alle Haltungen etwas Zielstrebiges an sich. Ich habe einmal einen Mann behandelt, der blind geworden war und der seither beim Schlafen immer die Hand seiner Frau halten wollte, was sie daran hinderte, sich zu bewegen. Das war eine ergreifende Maskierung für eine tyrannische Tendenz. Als die Frau sich dagegen zur Wehr setzte, entwickelte er in der Nacht Halluzinationen und stellte sich vor, Einbrecher hätten sich der Frau bemächtigt und sie fortgeschleppt. Diese Einbildung entstammte der gleichen Handlungslinie, nämlich sie in seiner Gewalt zu behalten.

Ruhelose Schläfer, die sich die ganze Nacht hin und herwälzen, zeigen damit an, daß sie unzufrieden sind und mehr tun wollen. Dieses Verhalten kann auch ein Zeichen dafür sein, daß sie von einem anderen Menschen beobachtet werden wollen, gewöhnlich von ihrer Mutter. Wenn Kinder im Schlaf weinen, dann aus dem gleichen Grund, weil sie nicht allein sein möchten, sondern weil sie sich vergewissern wollen, daß sie Aufmerksamkeit und Schutz erhalten. Die ruhigsten Schläfer sind jene, die in ihrer Einstellung gegenüber den Lebensproblemen am gefestigten sind. Da sie ihr Leben am Tage wohl eingerichtet haben, können sie die Nacht für ihren eigentlichen Zweck, für Ruhe und Erholung, benutzen, und ihr Schlaf ist im allgemeinen frei von Träumen.

11. Organdialekt und Träume

In Fällen, in denen der Patient mit dem Gefühl kommt, die Behandlung gefährde das Überlegenheitsziel, ist es häufig schwierig, einen Anfang zu machen. Einen solchen Fall hatte ich mit einer verheirateten Frau von fünfundzwanzig Jahren, die unter einer Angstneurose litt. Beim Erstinterview bat ich sie, sich auf einen Stuhl neben mir zu setzen, doch sie nahm auf der anderen Seite des Zimmers Platz.

Ihre heftigen Angstanfälle traten immer dann auf, wenn ihr Mann zu spät nach Hause kam. Im Leben mit ihrer Familie hatte sie sich eingeschränkt gefühlt, und ihr Mann war der erste Mensch, der sie mit übergroßer Nachsicht behandelt hatte, doch nun konnte er sich ihr aufgrund seiner geschäftlichen Verpflichtungen nicht mehr im gleichen Maße widmen. Sie wünschte nur noch mit ihrem Mann verbunden zu sein und jedermann sonst auszuschließen, und durch die Entwicklung ihrer Angstneurose hinderte sie ihren Mann bei seinen Geschäften. Niemand sonst konnte etwas von ihr fordern, und ihr Mann hatte zu gehorchen, doch sie bezahlte für diesen Erfolg mit sehr peinigenden Ängsten. Ihr Mann hatte sie überredet, mich aufzusuchen.

Die Situation war, was keineswegs unnatürlich ist, ein *Engpaß*. Bereits vor ihrem Kommen hatte sie das Gefühl, ich bedeute für sie eine Gefahr, und sie symbolisierte ihre Einstellung in ihrem Verhalten gegenüber dem Stuhl. Wenn ich sie von ihrer Neurose befreite, hätte sie keine Waffe mehr, mit der sie gegen ihren Mann antreten könnte.

Eine überkritische zwanghafte Hausfrau

Ein weiterer Fall dieser Art war der einer verheirateten Frau, die in ihrer sehr auf Konkurrenz bedachten Familie die jüngste gewesen war. Sie war als minderwertiges Familienmitglied getadelt und gehänselt worden und hatte als Mädchen keine Möglichkeit gefunden, ihre unglückliche Position zu kompensieren, ausgenommen zu beweisen, daß andere Leute nicht im Recht waren. Diese Gewohnheit hatte ihr den Spitznamen „die Richterin" eingetragen.

Die Ehe ging sie ein, um mit ihren verheirateten Schwestern gleichzuziehen. Ihren Mann liebte sie nicht, befürchtete aber, man könne sie geringschätzen, wenn sie nicht den Nachweis erbrachte, eine glückliche Ehe führen zu können. Doch obwohl sie drei Kinder hatte, fühlte sie sich anderen niemals ebenbürtig, und so verteidigte sie sich gegen die Gesellschaft durch Grobheit, Arroganz und Kritik. Solch ein Verhalten ist häufig nichts anderes als ein neurotischer Selbstschutz vor Enttäuschung, und es ist eine völlige Fehleinschätzung, dies als Ergebnis vererbter psychopathischer Faktoren zu betrachten.

Sie hatte das sichere Gefühl, ihrer ältesten Schwester nicht das Wasser reichen zu können, was die Kunst des Haushaltens anging. Und ihr Mann hatte kurz nach ihrer Eheschließung den Fehler begangen, sie zu fragen, ob sie so ordentlich sein werde wie ihre Schwester. Das traf sie an ihrer empfindlichsten Stelle, und von diesem Zeitpunkt an wollte sie dem Haushalt aus dem Wege gehen oder zumindest unter mildernden Umständen dabei versagen. Eine Art von Zwangsneurose stellte sich bei ihr ein, und zwar dergestalt, daß sie sich der Wäschepflege so intensiv widmete, bis ihr Eifer und ihre Genauigkeit zum Ärgernis und zur Zeitverschwendung wurden. Da dies ihr keine Zeit für etwas anderes ließ, hatte sie eine Entschuldigung dafür, daß ihre Ehe unglücklich verlief.

Sie hatte noch ein weiteres Mittel, um sich zu verteidigen, ein Mittel, das nicht selten von Neurotikern eingesetzt wird. Sie beurteilte andere Menschen nach ihrer Ähnlichkeit oder Nichtähnlichkeit mit Jesus Christus. Hatte sie jemanden erst einmal auf einen Sockel der Bewunderung gestellt, war es danach nicht schwer für sie, Fehler an ihm zu entdecken, um zu beweisen, daß er kein christusähnlicher Charakter war, und ihn dann fallenzulassen. Sie benutzte dieses Abwehrmittel gegenüber den vielen Ärzten, zu denen sie in Behandlung ging, und frustrierte ihre Bemühungen aufgrund ihres prototypischen Gefühls, sie werde, falls man sie verstehen sollte, in die unterlegene Position der Jüngsten „zurückversetzt". Sie mußte daher beweisen, daß die Ärzte unrecht hatten; sie versuchte ständig, ihre Meinungen zu unterlaufen, ärgerte und beschimpfte sie fortwährend, so daß sie nicht sprechen konnten, und so verstrich die Zeit der Konsultationen ohne jegliche Wirkung.

Wie wir an einer Vielzahl von Fällen gesehen haben, werden die organischen Funktionen vom Lebensstil bestimmt. Das gilt vor allem für die Lungen, das Herz, den Magen, die Ausscheidungs- und Geschlechtsorgane. Störungen dieser Funktionen geben die Richtung an, die ein Mensch einge- schlagen hat, um sein Ziel zu erreichen. Ich habe diese Störungen als Organdialekt[1] oder Organjargon bezeichnet, da die Organe in ihrer eigenen höchst ausdrucksvollen Spra- che die Absicht einer individuellen Ganzheit offenbaren.
Der Dialekt der Sexualorgane ist besonders ausdrucksstark und führt die Patienten sehr häufig zum Arzt. Jeder Fall hat seine Besonderheiten, doch in praktisch jedem bringt der Patient durch eine Störung der Sexualfunktionen ein Anhal- ten, ein Zögern oder eine Fluchtbewegung angesichts der drei Lebensprobleme zum Ausdruck. Was immer der Patient sich an teilweisen sexuellen Befriedigungen verschafft, es ist von der Art einer Flucht vor dem wirklichen Problem, und der Rest, der für eine normale Ausdrucksform übrigbleibt, muß ausgeschlossen werden. Auf diese Weise lassen sich die verschiedenen Formen der Impotenz auf eine gemeinsame Wurzel, auf Abneigung und Mangel an Training hinsichtlich der Beziehungen zu anderen Menschen zurückführen. Das ist immer nachweisbar, wenn wir die sexuellen Symptome zeit- weilig außer acht lassen und das Wesen der sozialen Kontakte des Patienten untersuchen. Die meisten der mir bekannten Fälle dieser spezifischen funktionellen Störung betrafen Pa- tienten, die dem Problem der Ehe gegenüberstanden. Ejacula- tio praecox hat die unterschiedlichsten individuellen Bedeu- tungen, doch ich habe festgestellt, daß es ein Zeichen für einen egoistischen Charakter und für ein Gefühl von Impotenz ist, und sie geht in jedem Falle einher mit einer sehr ärmlichen sozialen Anpassung. Ejakulationsstörungen treten bei ego-

[1] Organdialekt [1912]. Wiederabgedruckt in: *Heilen und Bilden,* Fischer Taschen- buch Nr. 6220, S. 114–122 (d. Hrsg.).

istischen Männern auf, die im allgemeinen aufgrund der möglichen Rivalität Angst davor haben, Kinder zu bekommen.

Niemand, der auch nur das geringste von der Individualpsychologie verstanden hat, würde hergehen und versuchen, Fälle wie die genannten dadurch zu heilen, daß man dem Patienten mit den von mir eben benutzten Worten Vorwürfe macht, als wenn wir Dinge zum Guten wenden könnten, indem wir den moralischen Zeigefinger erheben. Ein Patient muß in einen derartigen Gefühlszustand versetzt werden, daß er bereit ist zuzuhören und verstehen möchte. Nur dann kann er dazu bewegt werden, das zu leben, was er verstanden hat.

Bei Frauen äußert sich der gleiche Dialekt als Vaginismus. Er ist eine Vermeidung von Männern, die begleitet ist von anderen psychischen Symptomen, die darauf hinweisen, daß die Frau eine Aversion entweder gegenüber einem bestimmten Mann oder gegenüber Männern im allgemeinen empfindet. Neben dieser aktiven Vermeidung begegnen uns noch passive Formen sexueller Ablehnung, nämlich Frigidität und passive Hingabe. Dieser Funktionsmangel spiegelt die Vorstellung der Frau wider, beim Geschlechtsverkehr nicht anwesend zu sein, so als sei das Ereignis ausschließlich die Angelegenheit des Mannes. In allen Fällen von Frigidität habe ich festgestellt, daß die Frau die weibliche Rolle als Erniedrigung und Einschränkung empfand. Es ist wichtig, diesen Umstand genau und unabhängig vom Sexualleben zu verifizieren.

Rache eines Mädchens an ihrem Vater

Ehrgeizige Mädchen, die zu sehr verwöhnt worden sind, verlieren allzuleicht ihr Vertrauen in sexuelle Beziehungen. Das war der Fall bei einem von mir behandelten sehr schönen Mädchen, des jüngsten Kindes der Familie, das von jedermann – vor allem von ihrem Vater – verwöhnt worden war, bis er ein zweites Mal heiratete. Seine Wiederheirat untergrub ihr Selbstvertrauen. Für eine Stiefmutter ist es sehr schwierig, ihren Platz in Beziehung zu den Kindern ihres Mannes zu finden, ohne deren Feindschaft zu erregen. Ich weiß nicht, ob andere die gleiche Erfahrung gemacht haben, doch ich habe festgestellt, daß in solchen Fällen die Mädchen den meisten Kummer machen und daß sie, wenn sich die Gelegenheit bietet, freie sexuelle Beziehungen aufnehmen, als wollten sie Rache nehmen. Wenn sie intelligent und sensibel genug sind, um die ganze Schwierigkeit der Situation zu empfinden, verspüren sie einen Mangel an Liebe von beiden Seiten, und sie werden häufig frigide und gehen der Ehe aus dem Wege, wie es der Fall bei meiner Patientin war. Wir dürfen uns sehr wohl fragen, warum dieses Mädchen weiterhin sexuelle Beziehungen einging, wenn wir bedenken, was sie alles dagegen hatte. In ihrer Erinnerung war sie von ihrem Vater verlassen worden, sie machte die Erfahrung, daß ein Liebhaber sie nicht so verwöhnte, wie ihr Vater es getan hatte, und hinzu kam, daß sie die schrecklichen Erfahrungen unerwünschter Schwangerschaft und Abtreibung gemacht hatte, ohne körperliche Gratifikation in Form von Liebe erhalten zu haben. Gegen all diese mißlichen Dinge hatte sie nichts als das geheime Gefühl zu setzen, sich an ihrem Vater zu rächen.

Ein Mensch kann sich niemals einrichten mit einem solchen Lebensstil, der die Ehe ausschließt und eine Fehlanpassung gegenüber sozialen Beziehungen oder der Arbeit bedeutet. Dann tritt ein Zustand beständiger Spannung ein, der angesichts jedes realen Problems, das sich stellt, akut wird und der häufig als Kopfschmerzen oder Müdigkeit in Erscheinung tritt.

Meine Patientin träumte: „Jesus erschien mir und lud mich ein, mit ihm in den Himmel zu gehen, wo es meine Aufgabe wäre, all die anderen Leute zu erfreuen. Wenn ich dies ablehnte, müßte ich in die Hölle gehen. Dann fand ich mich im Himmel wieder und sah viele Engel, die aussahen wie die Pinguine in der Satire von Anatol France, und ich erblickte auch Gott, der seinen Bart schnitt und so aussah und sich bewegte wie der Mann in der Werbung im Schaufenster des Drogisten. Ich empfand große Verzweiflung und wollte fortgehen."

Dieser Traum ist so lange schwer zu deuten, wie wir ihn nicht in Beziehung zur allgemeinen Linie in der Entwicklung des Mädchens bringen; tatsächlich können wir keinerlei Sinn darin erkennen, wenn wir nicht aus der Lebensgeschichte und der darin beschlossenen Handlungslinie abschätzen könnten, mit welcher emotionalen Vorstellung das Mädchen sich all die Zeit zu vergiften suchte. Es war die Vorstellung, Tugend abzulehnen und sich dem Laster hinzugeben, eine Vorstellung, die motiviert war von Rache gegenüber ihrem Vater, der von ihr ein tugendhaftes Leben wünschte. Wenn wir diese grundlegende Übereinstimmung des Traumes mit all dem anderen, was die Patientin tut, verstanden haben, können wir mit der Deutung fortfahren: „Andere Leute zu erfreuen" entspricht ihrer Vorstellung von Erniedrigung der weiblichen Rolle, die nach ihrer Meinung nur ein Amusement für Männer darstellt. Jesus Christus ist für sie das höchste Symbol eines ehrlichen, selbstlosen Mannes, der vorgeschlagen hatte, sie zu heiraten; er hatte zu ihr gesagt: „Ich möchte mich opfern, damit du glücklich wirst." Himmel ist folglich der Himmel, den *er* ihr für die Ehe versprochen hatte. Doch wie wir gesehen haben, fürchtet sie eine Niederlage in der Ehe, so daß sie sich nicht erlauben kann, das Eheleben als anziehend erscheinen zu lassen, etwa nach dem gleichen Grundsatz, daß die Früchte, die zu hoch hängen, als sauer angesehen werden müssen. In ihrem Traum erschien ihr daher dieser Mann in seinem kleinen Dorf in der beschaulichen Stimmung, die der Wiener Satiriker Nestroy entstehen ließ, als er schrieb: „Was ist ein Mann? Er steht auf, rasiert sich und geht wieder schlafen!"

Depression als Schutz vor der Ehe

Ein sehr verzärteltes Mädchen, die jüngste von elf Schwestern und Brüdern und entsprechend ehrgeizig, entdeckte eine andere Möglichkeit, die Früchte der Ehe sauer zu machen. Sie hatte einige wenige sexuelle Kontakte, aber nur mit verheirateten Männern. Ich bin stets argwöhnisch, wenn eine junge Frau sich mit verheirateten Männern einläßt, da die Schwierigkeiten offensichtlich viel größer sind und da eine unpraktische Wahl sich nicht einfach dadurch wegerklären läßt, indem man auf der unbesiegbaren Macht der Liebe besteht. In unserem Fall ließ sich einfach herausfinden, daß die Patientin durch die Verwöhnung in ihrer Kindheit eingeschüchtert worden war und daß sie bei dem Thema Ehe besonders nervös war, weil zwei ältere Schwestern glücklich verheiratet waren und sie befürchtete, es werde ihr nicht gelingen, sie zu überflügeln. Sie war sich dessen stets bewußt gewesen, doch ihr war nicht so ganz klar, was sie in ihren aufeinanderfolgenden Liaisons tat. Wenn einer ihrer Liebhaber sich scheiden lassen und sie heiraten wollte, verließ sie ihn, deprimiert und natürlich ein bißchen weinend, doch immer entschlossen wegen der armen Frau, die gewöhnlich eine ihrer Freundinnen war. Die Depression wich schnell mit Beginn einer weiteren Affäre, doch am Ende geriet sie nach dem Abbruch eines intimen Verhältnisses unter den genannten Umständen in eine Melancholie, die über Monate andauerte.

In dieser Zeit kam sie zu mir. Sie war sechsunddreißig Jahre alt und lebte mit einem Bruder zusammen, der Witwer war und sie sehr verwöhnte. Doch in den ersten Monaten ihres Zusammenlebens hatte er von Wiederheirat gesprochen und ihr geraten, ebenfalls zu heiraten. Angesichts dieser unerwünschten Aussicht und weil sie gerade dabei war, eine Beziehung abzubrechen, diente ihre Krankheit ihr als ein Mittel, „zwei Fliegen mit einer Klappe zu schlagen". Sie vermittelte ihrem Bruder damit die Aufforderung, sich stärker um sie zu kümmern, und für sie war die Krankheit eine Lektion, sich wegen der neuen noch gefährlicheren Folgen nicht wieder mit einem anderen Mann einzulassen.

Schlafen ist eine andere Form des Wachens. Wir können natürlich mit gleichem Recht sagen, daß Wachen eine Variante des Schlafens ist. Die Wahrheit ist, daß wir, um beide Zustände psychologisch wie biologisch verstehen zu können, die Vorstellung aufgeben müssen, daß sie einander widersprechen. Biologisch betrachtet, ist der Schlaf lediglich ein teilweises Einstellen des Kontakts, den der Organismus mit seiner Umwelt unterhält, ein Nachlassen seiner Funktionen. Im Schlaf hält unsere Aufmerksamkeit durch Fühlen, Hören und Denken eine gewisse Menge an Kontakt mit der Realität aufrecht, doch einen größeren Teil der Verbindungen zwischen beiden geben wir auf. Wir beachten die Grenzen unserer Bewegungen im Bett und fallen nicht hinaus. Wir wählen einige Geräusche als wichtig genug aus, um uns aufwecken zu lassen, und überhören andere, und wir können sogar zur festgesetzten Zeit aufwachen. Alle diese durch den

Schlaf nicht ausgeschalteten Aktivitäten vollziehen sich auch im Wachzustand, häufig kaum bewußter.

Ein hypnotischer Zustand ist ebenfalls eine Abart des Wachens, doch er unterscheidet sich vom Schlaf dadurch, daß er eine andere Klasse von Aktivitäten ausschaltet. Der hypnotisierte Mensch schließt alles aus, was der Hypnotiseur will, sobald er erst einmal bereit ist (ob er es zugibt oder nicht), nur die Befehle des Hypnotiseurs zu akzeptieren. Mithin kann man den hypnotischen Zustand als Schlaf auf Befehl bezeichnen. Ganz abgesehen von der Hypnose ist dieser Schlaf auf Befehl durchaus nicht ungewöhnlich, vor allem nicht unter Kindern. Der hypnotische Zustand ist mithin ein Zeichen besonders großen Gehorsams. Er wird häufig als geeignete Methode medizinischer oder psychologischer Behandlung angesehen, doch die Individualpsychologen haben damit natürlich nichts im Sinn, weil sie wissen, daß der eigentliche Wert einer erfolgreichen Behandlung in verstärktem Mut und wirkungsvoller Selbstkontrolle liegt. Ein Patient muß diese Fähigkeiten nachweisen, indem er sie benutzt, und nicht dadurch, daß er die Kontrolle an einen anderen abtritt. Die häufigen Fehlschläge im Gefolge hypnotischer Behandlungsmethoden sind die Rache des Patienten dafür, daß er während der Hypnose unerwartet mit Suggestionen traktiert worden ist.

An der Tatsache, daß Hypnose bestimmte Symptome beseitigen oder mildern kann, wenngleich nicht mit dauerhaftem Erfolg, an dieser Tatsache ist nichts Überraschendes. Wie ich bereits betont habe, gilt das gleiche für viele suggestive Methoden, die der Patient in einem magischen oder halbreligiösen Licht sieht, doch solche Dinge verhelfen nicht aus sich heraus zu einer besseren Lebensanpassung. So verschaffen sie vorübergehend Erleichterungen und scheinen bei der Reduzierung solcher neurotischen Symptome am wirksamsten zu sein, die mit gewissen organischen Krankheiten einhergehen, so beim Schlaganfall, bei den Nachwirkungen der Syphilis und der multiplen Sklerose. Wie Ludwig Stein gezeigt hat, rufen fast alle organischen Krankheiten mehr Symptome als überhaupt notwendig hervor. Diese nervösen Komplikationen lassen sich am besten mit der Methode der Individualpsychologie behandeln, die zwar keine Lungenentzündung oder Herzkrankheit heilen, diese Zustände durch Ermutigung des Patienten allerdings sehr deutlich mildern kann.

Unsere besondere Methode der Traumdeutung beruht auf der genannten Erkenntnis der Einheit von Wach- und Schlafleben. Sie ist ein Fortschritt gegenüber den wertvollen Entdeckungen von Lichtenberg und Freud, daß Träume stets Anzeichen vitaler Probleme enthalten, die der Träumer in seinem Wachleben nicht erkennt, Entdeckungen, die unsere Arbeit unübersehbar bestätigt. Doch der Traum ist nicht nur die Ersatzbefriedigung von Wünschen, die im Wachen unerfüllt geblieben sind – vor allem nicht von Freuds „infantilen Sexualwünschen" –, sondern eine Funktion des gesamten Lebensstils, die sich weit dynamischer auf die Zukunft denn auf die Vergangenheit bezieht, eine Tatsache, die man in der Antike, als Träume für prophetisch und nicht für historisch bedeutsam angesehen wurden, intuitiv erkannt hat. Der Träumer ist damit beschäftigt, sich auf die kommenden Lebensereignisse auszurichten und einzustellen und sammelt dabei eine bestimmte Gefühls- und Emotionsreserve an, die er während des Tages durch Kontakt mit der Realität und durch logisches Denken nicht erwerben kann. Auf diese Weise speichert er eine bestimmte irrationale Kraft, die ihn bei der Verfolgung seines Überlegenheitsziels gegenüber den von ihm vorweggenommenen Problemen aufrichtet und ihm hilft, die Probleme auf seine eigene Weise und gegen die Forderungen des common sense zu lösen.

In Träumen finden sich folglich niemals andere Tendenzen und Regungen als jene, die sich im Stil des Wachlebens manifestieren, sofern man den letzteren nur schlüssig verstanden hat. Wir können dem „Bewußten" nicht das „Unbewußte" gegenüberstellen, so als handele es sich um zwei in sich widersprüchliche Hälften der Existenz des Menschen. Das bewußte Leben wird unbewußt, solange es uns nicht gelingt, es zu verstehen; und sobald wir eine unbewußte Tendenz verstehen, ist sie bereits bewußt geworden.

Der Traum ist bestrebt, den Weg zur Lösung eines Problems durch einen metaphorischen Ausdruck zu ebnen, und er ist an sich ein Zeichen dafür, daß der Träumer sich nicht zutraut, es durch commens sense zu lösen. Eine *metaphorische* Vorstellung von seiner Situation stellt eine Möglichkeit dar, ihr zu *entkommen*, wie sie bei fast jeder Form von praktischen Handlungen zur Hilfe und Erleichterung benutzt wird. Das zeigt sich am deutlichsten bei Träumen, die Erfolgsgefühle und -emotionen hervorrufen, da sie eine Art von Vergiftung mit sich bringen, und der Logik des Gemeinschaftslebens völlig widersprechen. Natürlich erkennt der Träumer seine Metapher nicht als das, was sie ist. Wenn er sie verstünde, wäre sie für seinen Zweck unbrauchbar. Sie ist im wesentlichen eine Selbsttäuschung im Dienst seines individuellen Ziels. Wir können folglich erwarten, daß der Mensch um so weniger träumt, je mehr das individuelle Ziel mit der Realität übereinstimmt, und tatsächlich stellen wir fest, daß es sich so verhält. Sehr mutige Menschen träumen selten, weil sie während des Tages mit ihrer Situation angemessen umgehen.

Natürlich gibt es problematische Fälle. Ein Fehlen von Träumen kann sich späterhin als bloßes Fehlen von Inhalten erweisen, die völlig vergessen sind, so daß lediglich die Emotion übrigbleibt. Das ist nur ein weiterer Schritt im Selbsttäuschungsprozeß, in dem Träumen eine Funktion bildet; dahinter verbirgt sich die Absicht, den betreffenden Menschen daran zu hindern, Einsicht in seine Träume zu gewinnen. Oder das Fehlen von Träumen kann auch ein Hinweis darauf sein, daß der Patient mit seiner Neurose an einen Ruhepunkt gelangt ist und eine neurotische Situation geschaffen hat, die er nicht ändern möchte. Kurze Träume deuten an, daß die gegenwärtigen Probleme derart sind, daß der Träumer einen „Kurzschluß" zwischen ihnen und dem individuellen Lebensstil finden möchte. Träume, die lang und/oder sehr kompliziert sind, treten bei Patienten auf, die in ihrem Leben exzessive Sicherheit suchen, und zeigen im allgemeinen Zögern und den Wunsch des Patienten an, für den Fall, daß sie sich nicht richtig bewähren sollte, sogar seine Selbsttäuschung hinauszuschieben. Der Lebensstil läßt sich am besten in Träumen erkennen, die häufig auftreten oder die sich über viele Jahre in der Erinnerung erhalten.

Die Methoden der Selbsttäuschung, die wir in Träumen benutzen, zeigen sich nicht nur im Mißbrauch von Vergleichen, Metaphern und Symbolen, sondern auch in einer Neigung, ein gegenwärtiges Problem so zu verengen oder zu verkürzen, daß nur noch ein Teil davon sichtbar wird, ein Teil, den wir nicht nach dem gleichen Maßstab beurteilen können wie das Ganze. Über die dringende und notwendige Bewältigung eines lebenswichtigen Problems können wir unter Umständen in Form einer unwichtigen Schulprüfung träumen.

Ein Fall, bei dem Träume eine wichtige Rolle spielten, war der eines Mannes, der seit acht Jahren verheiratet war und zwei Kinder hatte, mit seiner Frau jedoch nicht zufrieden war. Sein Haupteinwand gegen sie lief darauf hinaus, daß sie sich nicht genügend um die Kinder kümmerte. Wenn man in einer Ehe die Pflicht gegenüber den Kindern besonders betont, ist dies stets ein Zeichen für eine tiefreichende Unstimmigkeit mit dem Partner. Ob der Mann nun damit recht hatte oder nicht, daß seine Frau die Kinder vernachlässigte, er benutzte seine Kritik dazu, um einen tieferen Vorwurf auszudrücken und um ein Bollwerk gegen sie aufzurichten. Das war eindeutig erkennbar an anderen Einzelheiten seines Verhaltens, die zeigten, daß er nicht darüber besorgt war, wie die Frau mit den Kindern umging, sondern über andere Angelegenheiten, wie etwa ihre Art des Haushaltens. Der wirkliche Grund für seine Auseinandersetzung mit der Frau war seine Überzeugung, sie habe ihn nicht aus Liebe geheiratet, und er sah Bestätigung dafür in der Tatsache, daß sie frigide gewesen war. Ich habe stets beobachtet, daß langanhaltende Frigidität den Ehemann in höchstem Maße beleidigt, und dann geraten beide Ehepartner in eine mehr oder weniger gereizte Stimmung. Um einen starken Beweis für die Schuld seiner Frau in die Hand zu bekommen, statt sich über den wirklichen und erniedrigenden Grund seiner Verurteilung im klaren zu werden, entwickelte der Mann die übertriebene Angst um die Kinder, und anschließend kam er zu mir aufgrund von Kopfschmerzen und Arbeitsunlust. Er war nicht mutig genug, die Scheidung einzureichen oder eine andere Frau zu suchen, da er mit dem Gefühl aufgewachsen war, in der Kindheit von seiner Mutter zurückgesetzt worden zu sein.

Der Mann wurde sehr eifersüchtig und verlor jedes Vertrauen in Frauen. Eines Nachts träumte er: „Ich befand mich in einer Schlacht in den Straßen einer Stadt, und inmitten der Schießerei und der Brände wurden Frauen wie durch eine Explosion in die Luft geschleudert." Als er sich dann an dieses Bild erinnerte, empfand er starkes Mitleid, bis meine Behandlung ihn in die Lage versetzte, seinen Zustand zu verstehen. Es stimmte mit seiner Einstellung zu seinem Eheproblem überein, denn der Traum befriedigte seine Wut, indem er ihm das

Bild einer allgemeinen Ausrottung der Frauen vorhielt, ein Bild, das er sich genötigt sah zu verabscheuen, weil er Gemeinschaftsgefühl und Mitleid empfand. Wir können erkennen, daß ihn diese mitleidigen Gedanken danach in die Lage versetzten, die tägliche Haltung, die er seiner Frau gegenüber eingenommen hatte, aufrechtzuerhalten – daß er nämlich überhaupt nicht *wütend* auf sie war, sondern lediglich *besorgt* um seine Kinder. Ich würde die Struktur seines Traums wie folgt analysieren: Er wählte einige schreckliche Bilder aus seinen Kriegserinnerungen aus – wir bezeichnen dies als Auswahl eines angepaßten Gedankens – und *verglich* dann die Geschlechterbeziehung mit einem solchen Krieg. Auf diese Weise verringerte er das ganze Problem der Geschlechter auf einen kleinen Teil, auf einen Kampf, und ließ dabei all die wichtigeren Faktoren aus. Als er sich von seinem Schrecken erholt hatte, als ihm die Selbsttäuschung erklärt worden war und als er sie verstanden hatte, wurde er ruhiger und die Kopfschmerzen verschwanden, doch er wollte sich nicht mit seiner Frau versöhnen. Dann hatte er einen weiteren Traum: „Das jüngste meiner drei Kinder ging verloren und konnte nicht wiedergefunden werden." Wie wir wissen, hatte er nur zwei Kinder, doch er verspürte sowohl im Traum wie beim Aufwachen danach großen Schrecken.

Die Linie des Vorwurfs, die der Patient gegenüber seiner Frau stets eingehalten hatte, war die Anklage, die Kinder zu vernachlässigen. Wenn er sich also den Verlust eines dritten Kindes vorstellte, so bedeutete dies eine Warnung, weitere Kinder zu bekommen und auf diese Weise die Gefahr zu verstärken. Über diesen Umweg konnte er es vermeiden, eine neue Beziehung zu seiner Frau aufzunehmen. Erneut können wir beobachten, wie die Auswahl eines angepaßten Gedankens ihn in den Stand versetzte, einen Vergleich herzustellen, der das ganze Problem der Erziehung und der Beschützung von Kindern auf eine Einzelheit verkürzt. Dennoch könnte ein sehr scharfsinniger Psychologe in der Wahl des Bildes von einem *dritten* Kind den Beginn einer Regung in Richtung Versöhnung entdecken. Denn es ist, als wenn sich der Patient flüchtig die Möglichkeit eines weiteren Kindes vorstellte, aber mit den Worten Abstand nahm: „Sie mag für zwei genügend sorgen, doch gewiß nicht für drei."

Die in Träumen vorgenommene Selbsttäuschung läßt sich sehr oft bis ins Wachleben verfolgen, eine Tatsache, für die mir einmal ein interessanter Beweis zufiel. Ich wollte gerade aus Wien abreisen, als mich ein früherer Patient anrief und mich bat, nach seiner kranken Frau zu sehen. Er habe zwei Ärzte konsultiert, doch keiner habe ihm sagen können, welchen Verlauf das Fieber seiner Frau nehmen werde. Ich war in Eile und suchte mich zu entschuldigen, indem ich erklärte, ich sei kein Fachmann für organische Krankheiten, doch schließlich gab ich seinem Drängen nach. Ich stellte fest, daß die Patientin an Typhus litt, und empfahl einen Arzt, der sich in solchen Fällen auskannte. Doch der Mann weigerte sich und erklärte, kein Arzt könne ihm mehr als ich erklären, und mit Mühe und Not gelang es mir, mich mit dem Versprechen davonzumachen, daß ich ihn als Freund aufsuchen werde, sobald ich nach Wien zurückgekehrt sei. Doch er blieb dabei: „Er könnte mir nicht mehr sagen, als Sie mir gesagt haben." Zuguterletzt überredete ich ihn, den Facharzt herbeizubitten, und verließ ihn. Als ich ihn nach meiner Rückkehr einige Wochen später aufsuchte, war seine Frau auf dem Wege der Besserung, und der Mann erklärte mir, er sei sehr zufrieden mit dem Arzt, den ich ihm empfohlen hätte. Dann bemerkte er in einem sehr sicheren Ton: „Sie haben mir natürlich, als Sie kamen, gesagt, Dr. W. sei am gleichen Morgen gestorben."

Da ich ihm nichts dergleichen gesagt hatte, stritt ich es ab. Ich hatte lediglich die Meldung gelesen, einen Tag, nachdem ich Wien verlassen hatte, um Urlaub zu machen. Er wollte das jedoch nicht glauben und behauptete steif und fest, daß ich von Dr. W.s Tod gesprochen habe. Als ich ihn fragte, was ihn veranlasse zu denken, daß ich es getan hätte, meinte er: „Nun, Sie müssen es getan haben. Denn als der Arzt am nächsten Tag kam, um nach meiner Frau zu sehen, wandte er sich, kaum hatte er die Anwesenden begrüßt, an die anderen Ärzte und erklärte: ‚Wissen Sie, daß mein Freund Dr. W. tot ist?' ‚Ja', warf ich ein, ‚Dr. Adler hat es mir gestern gesagt.' Der Facharzt schaute überrascht und erklärte: ‚Ich kenne Dr. Adler sehr gut, doch ich wußte bisher nicht, daß er prophetische Gaben besitzt.' Es muß da ein Mißverständnis gegeben haben, und ich frage mich, ob Sie es aufklären können."

Das war nicht schwierig aufzuklären. Der Mann hatte fast unbegrenztes Vertrauen in mich, und als ich ihn vor meiner

Abreise aufsuchte, erklärte er wiederholt: „Der Facharzt kann mir auch nicht mehr sagen als Sie." Er hatte sich mit diesem Gedanken vergiftet, so daß er den neuen Arzt mit der emotionalen Gewißheit empfing, daß ich bereits alles gesagt hatte, was er sagen würde. So nahm er spontan das erste Stückchen Information, das der Facharzt äußerte, und schrieb es ohne Zögern, in völliger Selbsttäuschung, mir zu.

Namen- und Sachregister

ALFRED ADLER
WERKAUSGABE

Herausgegeben und eingeleitet von Wolfgang Metzger

Fischer Taschenbücher

Psychologie

Claus Henning Bachmann
Kritik der Gruppendynamik
Grenzen und Möglichkeiten
sozialen Lernens
Band 6718 (in Vorbereitung)

Jörg von Bannsberc-Freiheit
Wahrhaftige Anatomie eines
normalen Wahnsinnigen
Band 6716

Hans Bender
Parapsychologie –
ihre Ergebnisse und Probleme
Band 6316

Dirk Blasius
Der verwaltete Wahnsinn
Eine Sozialgeschichte des
Irrenhauses
Band 6726

Ernest Bornemann
Die Ur-Szene
Das prägende Kindheitserlebnis
und seine Folgen
Band 6711

Charles Brenner
Grundzüge der Psychoanalyse
Band 6309

Charlotte Bühler
Das Seelenleben des Jugend-
lichen
Versuch einer Analyse und
Theorie der psychischen
Pubertät
Band 6303

Werner Correll
Lernen und Verhalten
Grundlagen der Optimierung
von Lernen und Lehren
Band 6146

Klaus Dörner
Bürger und Irre
Zur Sozialgeschichte und
Wissenschaftssoziologie der
Psychiatrie
Band 6282

Hans-Jürgen Eysenck
Neurose ist heilbar
Band 6713

Fischer Lexikon
Psychologie
Hrsg.: Peter R. Hofstätter
Band FL 6

Reader zum Funk-Kolleg
Pädagogische Psychologie
2 Bände: 6113, 6114

Anna Freud/Thesi Bergmann
Kranke Kinder
Ein psychoanalytischer Beitrag
zu ihrem Verständnis
Band 6363

Haim G. Ginott
Gruppenpsychotherapie mit
Kindern
Theorie und Praxis der Spiel-
therapie
Band 6707

Hermann Glaser
Sigmund Freuds Zwanzigstes
Jahrhundert
Seelenbilder einer Epoche
Band 6395

Georg Groddeck
Das Buch vom Es
Psychoanalytische Schriften an
eine Freundin
Band 6367

 Fischer Taschenbücher

Psychologie

Peter Groskurth/Walter Volpert
Lohnarbeitspsychologie
Berufliche Sozialisation:
Emanzipation zur Anpassung
Band 6288

Jolande Jacobi
Die Psychologie von C.G. Jung
Eine Einführung in das
Gesamtwerk. Mit einem
Geleitwort von C.G. Jung
Band 6365

Arthur Janov
Der Urschrei
Ein neuer Weg der
Psychotherapie
Band 6286
-Anatomie der Neurose
Die wissenschaftliche Grund-
legung der Urschrei-Therapie
Band 6322
-Das befreite Kind
Grundsätze einer primär-
therapeutischen Erziehung

Erna M. Johansen
Betrogene Kinder
Eine Sozialgeschichte der
Kindheit
Band 6622

C. G. Jung
Bewußtes und Unbewußtes
Beiträge zur Psychologie
Band 6058
**-Über die Psychologie des
Unbewußten**
Band 6299
**-Über Grundlagen der
Analytischen Psychologie**
Die Tavistock Lectures 1935
Band 6302

Thomas Kiernan
Psychotherapie
Kritischer Führer durch Theorien
und Praktiken
Band 6374

Gilbert Kliman
**Seelische Katastrophen und
Notfälle im Kindesalter**
Band 6710

Theodore Lidz
Der gefährdete Mensch
Ursprung und Behandlung der
Schizophrenie
Band 6318

Margaret S. Mahler/Fred Pine/
Anni Bergmann
**Die psychische Geburt des
Menschen**
Symbiose und Individuation
Band 6731

Robert Ornstein
**Die Psychologie des
Bewußtseins**
Band 6317

Nossrat Peseschkian
**Psychotherapie des
Alltagslebens**
Training zur Partnerschaftser-
ziehung und Selbsthilfe.
Mit 250 Fallbeispielen.
Band 1855
**-Der Kaufmann und der
Papagei**
Orientalische Geschichten als
Medien in der Psychotherapie
Band 3300

 Fischer Taschenbücher

Psychologie

 Fischer Taschenbücher

Psychiatrie und Gesellschaft

Bücher des Wissens
Fischer

Dirk Blasius
Der verwaltete Wahnsinn
Eine Sozialgeschichte
des Irrenhauses

Ernst Klee
Psychiatrie-
Report
Fischer

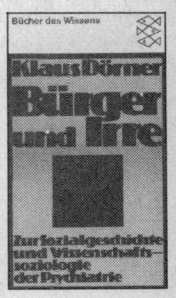

Bücher des Wissens

Klaus Dörner
Bürger und Irre
Zur Sozialgeschichte
und Wissenschafts-
soziologie
der Psychiatrie

Bücher des Wissens
Fischer

Thomas S. Szasz
Recht, Freiheit und Psychiatrie

Auf dem Weg zum
„therapeutischen Staat"?

Dirk Blasius
Der verwaltete Wahnsinn
Eine Sozialgeschichte des Irrenhauses
Band 6726

Ernst Klee
Psychiatrie-Report
Band 2026

Klaus Dörner
Bürger und Irre
Zur Sozialgeschichte und Wissenschafts-
soziologie der Psychiatrie
Band 6282

Thomas S. Szasz
Recht, Freiheit und Psychiatrie
Band 6722

Fischer Taschenbücher

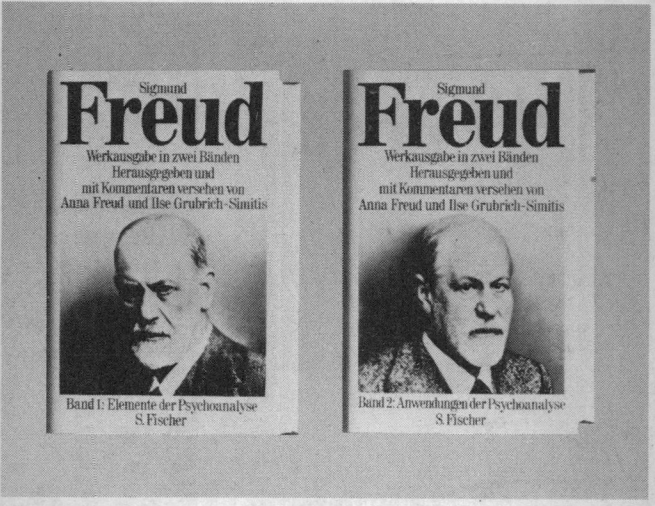